Le cercle de MORT

ÉDITION DU CLUB QUÉBEC LOISIRS INC.
© Avec l'autorisation des Éditions de l'Homme
© Éditions de l'Homme, 1996
Dépôt légal — Bibliothèque nationale du Québec, 1997
ISBN 2-89430-233-9
(publié précédemment sous ISBN 2-7619-1344-2)

Imprimé au Canada

GUY FOURNIER

Le
cercle
de
MORT

La tragédie de
l'Ordre du Temple Solaire

Note de l'auteur

L'histoire qui suit prend la forme d'une fiction mais elle est basée sur les témoignages de nombreuses personnes dont la plupart furent à tel ou tel moment membres de l'Ordre du Temple Solaire ou le sont encore secrètement. Des événements ont été télescopés et la chronologie a parfois été resserrée pour rendre le récit plus fluide. Des noms de lieux, d'institutions ou d'entreprises ont été changés et quelques personnages sont pure invention. Chacun n'en représente pas moins une ou même deux personnes ayant réellement existé et appartenu à l'Ordre. J'ai choisi ce parti pour que les proches et les survivants ne soient pas intimidés ou accablés davantage.

Cette quête spirituelle inusitée qui s'est poursuivie pour certains durant plus de quinze ans a entraîné jusqu'à maintenant la mort de quarante-huit personnes en Suisse et de cinq autres au Québec entre le 30 septembre et le 5 octobre 1994, et fait seize victimes dans le Vercors, en France, le 10 décembre 1995.

REMERCIEMENTS

Ce récit n'aurait pu exister sans la collaboration de plusieurs personnes parmi lesquelles je voudrais remercier particulièrement Mme Aimée Danis, présidente de la société de production *Verseau International,* qui a mis à ma disposition la recherche qu'elle avait commanditée pour une minisérie; Michel Langlois, réalisateur et scénariste avec qui j'ai commencé à écrire la minisérie en question; les dizaines de personnes que j'ai interrogées sur leur expérience ou celle de leurs proches au sein de l'Ordre du Temple Solaire, celles aussi qui ont spontanément communiqué avec moi, par lettre ou autrement; ma femme, Blanche, qui m'a servi de cicérone à travers la Suisse; Denis Ouellet, qui a fait si souvent le trajet entre son domicile et le mien, pour m'accompagner dans l'écriture de ce livre, et enfin Rachel Fontaine, qui m'a relu avec intelligence et compréhension.

L'auteur

À toutes les victimes et à tous leurs parents et amis qui doivent vivre avec l'héritage terriblement lourd que leur a laissé ce couple diabolique constitué de Luc Jouret et de Jo Di Mambro.

PROLOGUE

La plupart des événements de notre vie arrivent fortuitement. C'est presque toujours le hasard, par exemple, qui nous fait croiser telle femme ou choisir tel métier, presque toujours la chance qui nous vaut la fortune ou la misère, et le proverbe l'affirme avec éloquence: l'occasion fait le larron. Les Chinois prétendent même que le hasard vaut mieux qu'un rendez-vous.

Dans sa spacieuse maison templière de la banlieue sud de Genève, un petit homme rondouillard qui a plus l'allure d'un concierge que d'un propriétaire ne laisse jamais rien au hasard, et pour cause. Il prétend lire dans le passé, même le plus ancien, et il peut l'interpréter et en tirer parti à l'infini. Plusieurs le fréquentent, lui font confiance et lui versent des sommes substantielles. Il y a quelques années encore, à Collonges, en Haute-Savoie, il habitait une maison très ordinaire et n'accueillait que quelques admirateurs. De bouche à oreille, ils lui ont fait rapidement une belle notoriété qui atteint maintenant les élites suisses, plus friandes que d'autres d'ésotérisme – ce qui n'est pas si étonnant quand on sait que le plus célèbre psychiatre suisse, Carl Gustav Jung, a fait rentrer dans le domaine de la science l'antique quête alchimique et réservé une place de choix au mandala, au Yi King chinois et au symbolisme le plus hermétique.

Depuis qu'il a emménagé au 109 de la route de Saconnex-d'Arve à Plan-les-Ouates, Jo Di Mambro a beaucoup médité sur sa situation. Il frise la soixantaine, le diabète commence à saper son énergie et même s'il a parcouru un long chemin depuis le temps où il était horloger-bijoutier à Pont-Saint-Esprit dans le Gard, il est encore loin d'avoir réalisé ses ambitions, pourtant bien légitimes. Un homme de son âge et de sa qualité peut-il encore vivre chichement et se retrouver dans l'obligation continuelle de faire des salamalecs à son banquier? C'est déjà bien assez d'avoir dû multiplier les démarches et les mensonges, de s'être abaissé à subir des interrogatoires de police pour toucher enfin le produit des assurances sur sa maison de Collonges. Maison qu'il n'arrivait pas à vendre, mais qui fut détruite dans un incendie pour le moins providentiel allumé par la main... de Dieu!

Jo Di Mambro a bien réfléchi et il est arrivé à la conclusion que le succès de la fondation Golden Way, destinée à faire fructifier ses dons de voyance, serait sans limites s'il pouvait s'associer avec quelqu'un qui serait capable de prédire l'avenir avec le même talent qu'il interprète le passé. Cette personne, il croit même l'avoir identifiée...

1

Ce n'est donc pas par hasard qu'en ce matin d'octobre 1981, on retrouve Jo Di Mambro dans le Tarn-et-Garonne, en France, franchissant dans sa Mercedes la route en lacet qui mène aux grilles d'un petit cimetière médiéval planté au sommet d'une colline. On y accède par une montée tortueuse et délavée dans laquelle les véhicules d'un cortège funéraire ont creusé plus tôt de profonds sillons. Jerry, le chauffeur de Jo, a sûrement l'habitude de ce genre d'équipée si on en juge par sa façon de sortir des ornières par un brusque coup de volant, et d'accélérer chaque fois que les roues arrière sont en prise solide. Jerry vient immobiliser la Mercedes dans un parking de gravillon et Jo descend pour contempler de plus près la couronne mortuaire en forme de croix des templiers qui surmonte le corbillard. À petits pas pressés, Jo marche jusqu'à un arbre contre lequel il s'appuie pour regarder en direction du cimetière où des nappes de brouillard s'accrochent aux pierres tombales comme des fantômes oubliés par la nuit. À l'écart, il écoute l'oraison funèbre que répand une enceinte acoustique montée sur le toit d'une vieille estafette Renault. Malgré les grésillements de l'enceinte, la voix est chaude et convaincante.

– Non, notre cher frère Antoine n'est pas mort. Il nous a simplement quittés pour l'astral où sont réunis tous les justes avant d'être réincarnés. Un jour, nous ne devons pas en douter, ce garçon pur, cet être serviable, cet adolescent loyal, franc et si généreux prêtera sa voix et son visage à une noble entité...

Autour de la fosse d'où émerge le cercueil ouvert d'Antoine, dont les traits ont une douceur toute féminine malgré ses cheveux coupés en brosse, huit jeunes hommes ayant à peu près l'âge du défunt, cheveux en brosse eux aussi, se tiennent au garde-à-vous. On croirait des statues tant ils sont pâles et immobiles, vêtus de blanc de la tête aux pieds. À quelques pas de là, un homme frêle et émacié porte un flambeau dont la flamme menace à tout moment de s'éteindre. C'est Julien Origas qui écoute l'oraison les yeux mi-clos. Flanqué de deux femmes qui le soutiennent, son épouse Germaine et sa fille Catherine, il disparaît presque sous sa cape de serge blanche sur un pan de laquelle est brodée une croix de Malte écarlate.

– J'appelle du salut d'Antoine à tous nos frères disparus dont nous avons l'honneur de porter l'héritage jusque dans les temps précaires qui sont les nôtres...

Cet orateur, jeune homme à la voix riche et bien timbrée, c'est Luc Jouret. Il a des accents irrésistibles. Il est capable de faire passer sa voix du grave à l'aigu et, de toute évidence, il l'a beaucoup exercée pour en jouer ainsi comme un acteur.

– Je demande à notre vénéré commandeur, dit-il en se tournant vers Origas, de le saluer une dernière fois.

Origas sort brusquement de sa méditation et lève son flambeau au-dessus de la tombe.

– À notre frère Antoine! Que le temple unifié soit toujours avec toi.

Comme si son souhait avait déclenché un mystérieux ressort, les huit statues lèvent le bras droit à l'unisson, font un salut hitlérien et, d'une voix puissante, répètent ces mots qui claquent dans l'air comme des coups de feu:

– À notre frère Antoine! Que le temple unifié soit toujours avec lui.

Tous baissent la tête et se recueillent pendant que le fossoyeur referme discrètement le couvercle. Du bout du pied, il actionne le mécanisme qui le retenait à fleur de terre et le cercueil commence de descendre lentement.

Origas souffle le flambeau qu'il remet à sa femme. Il se penche, prend une poignée de terre qu'il jette sur la tombe, puis se raccroche au bras de sa fille Catherine avant de faire demi-tour.

Jouret accomplit le même rite, étouffe un sanglot qui fait sourciller et laisse perplexe la femme qui l'accompagne, puis il s'empresse de rejoindre Origas. Avant de monter dans la voiture de tête, celui-ci se retourne et fait en direction des fidèles un salut qui ressemble à une bénédiction. Jouret et la jeune femme repartent tous deux en direction d'un minibus garé en bordure du parking, mais Di Mambro s'interpose. Sourire aux lèvres, il tend la main.

– Docteur Luc Jouret, je suis Jo Di Mambro. J'ai besoin de vous...

Jouret reste un instant figé puis serre la main tendue. Di Mambro tend aussi la main à sa compagne et Jouret est contraint de la lui présenter.

– Ma femme, Marie-Christine.

Celle-ci, ayant déjà l'habitude de laisser toute la place à son mari, se contente d'un bref sourire et s'efface derrière lui.

– Pouvez-vous m'accompagner jusqu'à Genève? demande Di Mambro à Jouret.

Sans consulter Marie-Christine, sans même la regarder, il accepte l'invitation. Il a «ressenti» la demande de Jo comme s'il s'agissait d'un signe ou d'un appel, et tout de suite un tableau issu de son enfance religieuse a surgi dans sa tête: le jeune homme de l'Évangile quittant abruptement père, mère et fortune pour suivre Jésus. Di Mambro a relevé ses lunettes sur son front et les deux hommes se regardent maintenant avec intensité. Leurs regards se soudent, puis ils ont le même élan l'un vers l'autre: ils s'étreignent et s'embrassent sur les joues.

Quand Jo se dégage, c'est pour faire un geste en direction de Jerry qui l'attend toujours dans la voiture. Di Mambro lui demande de s'occuper des bagages. Pendant que le chauffeur et Marie-Christine se rendent jusqu'au minibus chercher les effets du couple, Di Mambro et Luc, bras dessus, bras dessous, prennent place à l'arrière de la Mercedes.

Durant ce trajet de plusieurs heures entre le Tarn et Genève, ni Luc ni Jo n'adresseront la parole à Marie-Christine ou à Jerry sauf par stricte nécessité. Jo parle à Luc de son cheminement personnel. Depuis qu'il a été commandeur à Nîmes de la loge de l'Antiquus Mysticusque Ordo Rosae Crucis – pour se singulariser, Jo désigne toujours l'AMORC par son nom d'origine –, il est convaincu que les grands maîtres de l'Ordre ont flétri l'idéal initiatique de la Rose-Croix. Comment auraient-ils pu garder du fond de leur Californie la filiation avec un mouvement né en Europe au début du XVIIᵉ siècle? Il faut revenir aux authentiques arcanes des rose-croix d'or d'Allemagne. Voilà ce qu'il prêche et c'est à Annemasse, en France, dans son Centre de Préparation à l'Âge Nouveau, qu'il a fait ses premiers adeptes.

La vérité, on ne peut la cacher sous le boisseau, dit Jo, et ce n'est pas son genre non plus! La sienne a fait boule de neige et comme il a réussi à lui trouver de solides racines jusque chez les pharaons, elle n'a pas cessé de séduire. Sa communauté s'est vite élargie et il a dû la transporter à «La Pyramide», cette maison de Collonges incendiée de manière si opportune, puis en Suisse d'où les «capes dorées», ses disciples les plus fidèles, l'aident à répandre la bonne nouvelle. Mais il ne suffit plus à la tâche. On le sollicite de partout. Les requêtes affluent de tous les milieux.

À la recherche de la vérité, artistes, hommes politiques et financiers, Suisses comme étrangers, viennent frapper à sa porte. Luc doit l'aider.

— Mais pourquoi moi? demande Luc, flatté.

Jo répond que c'est Hugues de Payns, le créateur du premier Ordre du Temple, qui a guidé ses pas vers lui. S'efforçant de rester modeste, il explique que Moïse s'est d'abord réincarné sous ses traits pour l'aider à conduire hors du désert de l'AMORC ceux qui étaient appelés à ressusciter la véritable tradition templière; une fois sa mission accomplie, le prophète a laissé sa place à Hugues de Payns qui dictera les nouveaux statuts de l'Ordre comme il l'a fait pour les premiers il y a près de neuf cents ans.

N'importe qui poserait d'autres questions, mais pas Luc. Il n'est pas surpris le moins du monde. Au contraire, dit-il, il avait pressenti qu'il serait appelé à jouer un rôle important dans la succession d'Origas. Le commandeur est malade et Luc le sait bien qui l'examine à intervalles réguliers. Son état ne cesse de se détériorer et le cancer qui le mine ne donne aucun signe de rémission. Sa femme et sa fille n'attendent que sa mort pour mettre le grappin sur l'Ordre. Quelle tristesse! S'il fallait que leurs doigts crochus s'emparent d'une organisation édifiée avec tant de sacrifices depuis dix ans! Ce sont plus de mille membres qui perpétuent dans le monde les rites du premier Ordre du Temple fondé à Jérusalem!

Mais Jo n'écoute plus depuis un long moment. Il se masse le front comme s'il était aux prises avec une migraine aiguë et malgré qu'on y voie à peine à cause de l'heure tardive, il regarde Luc avec fixité. Soudain, il lui agrippe le bras et ses mains fébriles resserrent graduellement leur étreinte. On dirait qu'il est en transe.

— Je sais maintenant qui vous êtes, dit Jo d'une voix vibrante. Aujourd'hui, au cimetière, je n'en étais pas certain mais il n'y a plus aucun doute: saint Bernard de Clairvaux, qui a fait reconnaître officiellement les templiers au concile de Troyes, s'est réincarné en vous. Dieu soit loué, nos routes se croisent de nouveau!

Saint Bernard de Clairvaux! Cette fois, même s'il n'en laisse rien paraître, Luc est sonné. Et pourtant, cela aussi, d'une certaine façon, il l'avait pressenti. Saint Bernard! Voilà donc d'où lui vient son éloquence, voilà de qui il tient ses dons pour l'écriture et son aptitude à conduire les hommes.

Ce soir-là, dans la voiture qui les emmène à Genève, les deux hommes décident d'unir leurs destinées afin de sauver le précieux héritage de Julien Origas. Deux hommes d'apparence inoffensive, aux antipodes l'un de l'autre, dont on n'aurait peut-être jamais entendu parler s'ils ne s'étaient pas rencontrés.

2

C'est Napoléon Jouret qui en ferait une tête d'apprendre
ce qui arrive à son fils! Saint Bernard n'est-il pas l'un
des plus réputés docteurs de l'Église? Les papes eux-
mêmes tremblaient lorsqu'il dénonçait leurs abus et leur adressait d'énergiques avertissements. Luc ne peut s'empêcher de
sourire avec malice en revoyant en pensée son père en train de
sauter et de gesticuler sur les lignes de côté du terrain de foot de
Kikwit, sa ville natale, vociférant des injures chaque fois que fis-
ton commettait une erreur ou se faisait déjouer par un petit
Congolais. Luc était un excellent joueur et Napoléon le voyait
déjà en Coupe du monde. Mais pour cela il fallait s'entraîner,
s'entraîner, s'entraîner. Si Luc osait parler de fatigue, Napoléon
se fâchait et répétait que lui, avec la moitié de son talent, il serait
assurément devenu l'un des grands du foot.

Au début des années soixante, au Congo-Kinshasa, les
choses s'étaient gâtées pour les planteurs étrangers et la famille
Jouret avait dû plier bagage et retourner en Belgique. Ce départ
forcé, Napoléon l'accepta de meilleure grâce que l'abandon du
foot par son fils mais il reprit espoir de le voir devenir un
champion lorsque Luc se passionna pour l'athlétisme et l'aviron.

Un jour, après avoir passé deux heures à se déhancher au tir du javelot, Luc s'étendit sur son lit en se tordant de douleur. Sa mère réussit à endormir son mal en le massant avec autant de tendresse que de baume, mais il la supplia d'annoncer au paternel qu'il venait de s'entraîner pour la dernière fois. Et tant pis pour les Olympiques de Mexico!

Napoléon piqua une colère noire, fit irruption dans la chambre et réveilla Luc qui venait de s'assoupir. Le lendemain, dit-il à son fils, ils partiraient tous les deux pour l'hôpital et n'en reviendraient qu'après avoir tiré au clair ce mal mystérieux. Si Fernande l'avait moins dorloté aussi...

Au département de radiologie, Napoléon dut s'incliner devant les radios pendues à un fil comme autant de pavillons noirs annonçant leur malheur. Son champion n'était pas la mauviette appréhendée. Il souffrait d'une coxarthrose causée par une malformation congénitale de la hanche. On lui prescrivit des antalgiques et surtout un très long repos. Luc s'inscrivit en fac de médecine à l'Université libre de Bruxelles et Napoléon se désintéressa peu à peu de ce fils en qui il avait mis tant d'espoirs et qu'il abandonnait désormais aux bons soins de Fernande.

Habité par une pensée magique, fasciné par le soleil et les astres, convaincu que chaque être a des affinités avec une ou plusieurs planètes qui déterminent sa nature profonde, Luc sentait depuis sa plus tendre enfance qu'il n'était pas comme les autres. Ce n'était pas dans le sport qu'il allait briller comme l'espérait si naïvement son père mais dans la recherche d'une spiritualité nouvelle, une spiritualité qui nourrirait l'âme en permettant au corps de capter les énergies vibratoires de la terre et du cosmos. Son père n'avait rien compris mais sa mère Fernande avait entrevu ce destin unique qui vient de lui être confirmé par Jo, un homme puissant, capable de lui ouvrir les sentiers de la gloire.

La nuit est tombée depuis longtemps quand la Mercedes s'immobilise dans un domaine privé de Plan-les-Ouates, en banlieue sud de Genève. Derrière la haie qui sépare le parking du jardin, Luc et Marie-Christine découvrent une superbe maison aux murs blanchâtres, le siège social de la fondation Golden Way et la résidence de Di Mambro. Elle est illuminée comme un monument. Jo précède de quelques pas ses invités comme pour s'assurer qu'on leur réserve l'accueil chaleureux qu'il a pris soin d'orchestrer avant son départ. Dans la grande salle du rez-de-jardin, une dizaine de personnes sont sur leur trente et un et les enceintes de la hi-fi jouent *Lohengrin* de Wagner. Luc entre au moment où du chœur des violons s'élèvent les harmonies célestes du thème du Graal, le vase sacré qui a recueilli le sang jailli des plaies du Christ en croix. Aussitôt que Di Mambro lève la main droite en direction de Luc pour le présenter, le volume de la musique diminue, comme si sa main avait le pouvoir d'une télécommande.

— Je vous présente le docteur Luc Jouret, qui succédera bientôt au grand maître Julien Origas... Sa femme, Marie-Christine.

Personne ne la regarde. Tous les yeux sont tournés vers Luc et il y a de quoi. Cet homme de trente-trois ans, qui a des yeux d'un bleu profond, est beau comme Jésus sur les images d'Épinal. Une beauté pour ainsi dire androgyne. Di Mambro présente son monde à tour de rôle: sa femme, Jocelyne; son fils, Élie, qui aura douze ans en novembre; Nikki et son mari, Toni, jeune couple d'artisans qu'il a pris sous son aile; Michel, un artiste avec qui il peut épancher sa passion pour la musique; et, finalement, Dominique.

Luc ne voit plus qu'elle. Vingt-trois ans, les yeux bleus, les lèvres cerise veloutées, des jambes interminables sorties d'une jupe microscopique et des seins que n'arrivent plus à contenir les bonnets de son soutien-gorge.

— C'est ma reine, s'empresse de souligner un Di Mambro tout sourire, à la fois inquiet et fier de constater l'effet qu'elle produit sur Luc.

— Je vois très bien pourquoi il vous appelle sa reine...

Luc tend les bras, prend la main de Dominique dans les siennes et la presse avec affection. Une chaleur se répand en elle comme une onde de choc. Ses joues s'empourprent.

— Vous aurez d'ailleurs un destin à la mesure de celle qui s'est réincarnée en vous...

Ces propos surprennent tout le monde. Il a donc reconnu du premier coup d'œil, pense-t-on, l'entité qui habite Dominique. Il faut dire qu'au moment de passer la frontière suisse, pendant que Jerry faisait le plein et que Marie-Christine allait boire une eau minérale, Di Mambro a fait des confidences à Luc. Au cours d'un voyage en Égypte, Jo a découvert que Dominique est la réincarnation de la reine Hatshepsout, de la XVIIIe dynastie égyptienne, première femme à s'imposer comme pharaon.

Luc relâche la main de Dominique qui, au risque de voir éclater son soutien-gorge, fait une révérence royale. Di Mambro s'empresse de la prendre par le bras pour bien indiquer qu'elle est sa propriété puis, se tournant vers Jocelyne, demande qu'on prépare la chambre des invités.

Luc a magnifiquement réussi son examen d'entrée. Il en a même fait plus que Di Mambro l'en aurait cru capable. Pourtant ce dernier est bien informé. Longtemps avant d'aller le chercher dans le Tarn, il avait pris sur Luc tous les renseignements nécessaires.

Après avoir obtenu son doctorat en médecine à Bruxelles, Jouret a ouvert un cabinet. Mais la médecine traditionnelle ne répondait pas du tout à ses aspirations. Cette médecine, disait-il, ne guérit pas: elle constate et s'en remet ensuite aux drogues de toutes sortes pour conjurer des maux contre lesquels elle est impuissante. Il avait donc mis la clé dans la porte de son cabinet et entrepris un long pèlerinage contre la maladie qui l'avait d'abord conduit aux Philippines.

À Manille, il opère à mains nues comme les chirurgiens phi-
lippins et s'initie à l'hypnose. Il remonte ensuite vers la Chine
pour apprendre les rudiments de l'acupuncture, puis traverse le
Pacifique pour se rendre au Mexique. C'est là qu'il voit la lumière
en ouvrant le «recueil des pathogénies» de l'homéopathie. Enfin
une médecine qui sait distinguer entre les individus, qui reconnaît que la maladie étant «personnelle», elle ne se développe pas
de la même façon chez l'un et chez l'autre. Hippocrate a été le
premier à découvrir que l'organisme a des humeurs changeantes
et qu'une saine pratique de l'art de guérir doit en tenir compte.
Luc raffinera ses théories. Désormais, il prescrira à chaque
malade, d'après ses caractères propres, des remèdes efficaces pour
son cas particulier. Le vrai docteur Jouret vient de se lever... mais
le thaumaturge sommeille encore.

Pour bien peu de temps, car Luc rencontre bientôt Julien
Origas qui l'invite à son château d'Auty dans le Tarn-et-
Garonne où il vit avec sa femme et sa fille. C'est ainsi qu'il
devient un fervent de l'Ordre rénové du Temple et le dauphin
du commandeur. Celui-ci l'instruit des théories de Max Hein-
del sur les vertus curatives de l'astrologie, l'initie aux philoso-
phies de l'au-delà et aux mystères de la religion. Grâce aux connaissances de Luc sur les sons et les bruits, tous deux renouvel-
lent plusieurs cérémonials. Mais ce pauvre Origas est un
homme sans colonne vertébrale, incapable de faire accepter le
nouveau venu par son entourage. En 1981, Luc est sur le point
de lancer la serviette. Il ne voit pas comment il pourrait lui suc-
céder à la tête de l'Ordre. À moins d'un miracle.

3

À la fondation Golden Way, les miracles comme les apparitions sont affaire de routine pour la petite communauté qui fonctionne avec l'ordre et la discipline d'une fourmilière. Luc ne se lasse pas d'observer Di Mambro qui est omniprésent comme le bon Dieu. D'un regard, il apaise les impatiences ou fait taire les récalcitrants. Il écoute de la même oreille attentive les bavardages et les confidences, et quoi qu'il arrive on ne peut le prendre au dépourvu.

Avant que Marie-Christine ne fasse part de son désir de retourner à Léglise, minuscule village de la province belge du Luxembourg où elle partage un cabinet avec Luc, Jo a déjà fait préparer ses effets et demandé à son chauffeur de l'y reconduire. Tout miel, il dit à Marie-Christine qu'elle n'a pas besoin de donner d'explications, qu'il comprend parfaitement son besoin d'être seule. Mais il lui fait promettre sur la tête de sa mère de téléphoner sur-le-champ si elle éprouve le moindre ennui. Comment a-t-il su qu'elle voulait partir alors qu'elle n'en a même pas glissé un mot à Luc? Jo devine tout, c'est vrai, mais on l'aide. Il est constamment mis au parfum des allées et venues, des désirs et des pensées de tout un chacun par Odile, sa secrétaire particulière, et par Jocelyne et Jerry, qui se feraient couper en petits morceaux pour lui être agréables.

Luc est soulagé de ne plus avoir Marie-Christine à ses trousses. Elle créait un froid, se montrant jalouse des attentions que lui prodiguent les femmes et, par-dessus tout, de la cour assidue que lui fait Jo. Depuis qu'il est à Plan-les-Ouates, le maître n'en a que pour lui. Si Luc avait moins de charme, ce traitement de faveur lui mettrait à dos toute la communauté.

L'automne est maintenant bien installé et il est tellement moins triste qu'à Léglise où le climat est rude et où les hauts fourneaux des environs grisaillent le paysage. Derrière la maison, l'étang se couvre de feuilles dorées qui sombrent une à une à mesure qu'elles s'alourdissent d'eau.

Ce matin, comme tous les matins, Élie vient nourrir les canards qui gîtent dans la coquette cabane fabriquée avec l'aide de Toni. Cependant, quand il se penche pour ramasser l'écuelle vide et la remplacer par une autre qui déborde de grains de maïs, il est saisi d'étonnement. À la place des œufs qui s'y trouvaient encore hier, il aperçoit toute une famille de canetons encore humides qui cancanent à qui mieux mieux parmi les coquilles cassées. Élie rentre en vitesse, traverse la cuisine et aboutit dans la salle à manger où Luc et Jo prennent le petit déjeuner en compagnie de Dominique.

— Devine combien elle a eu de bébés, la femme de Donald le canard, papa?

Jo explique à Luc que c'est ainsi qu'Élie a baptisé la vieille cane qui avait élu domicile au bord de l'étang avant même qu'on achète la maison. Puis, de la tête, il fait signe à Élie qu'il ne saurait lui répondre.

— Douze... mais il y en a un de mort, ajoute Élie tristement.

— Il n'y a pas de quoi s'attrister, souligne Luc en regardant tour à tour ceux qui mangent avec lui. C'est un signe...

— Quel signe?

Comme s'il avait deviné que la question viendrait de Dominique, Luc lui sourit déjà. Dans les temps anciens, explique-t-il, la synarchie templière comptait onze membres. Ce n'est pas par hasard que le gouvernement des templiers se composait ainsi. Il avait pris modèle sur l'antique collège d'Athènes, constitué aussi de onze sages.

— Onze, c'est un nombre symbolique et, parce que notre héritage est celui des templiers, un des canetons devait mourir.

Pendant qu'on médite cette leçon en silence, Élie réfléchit à ce qu'il doit faire. Soudain, il vire de bord, lance à la cantonade qu'il va enterrer le caneton, et Luc a juste le temps de le retenir par la manche de son blouson.

— Tu dois le faire brûler parce que le feu purifie et régénère. Prépare un bûcher avec de petites branches et des brindilles.

— Je vais t'aider, dit Dominique.

Elle se lève de table et sort en tenant l'adolescent par la main, laissant Jo seul avec Luc. Ce sont des moments qu'ils apprécient de plus en plus. En quelques semaines, ils ont tissé de tels liens qu'il ne fait plus aucun doute pour Luc que leur rencontre n'est pas le fruit du hasard. L'un et l'autre sont en étroite communion, en parfaite symbiose. Luc éprouve pour Jo des sentiments qu'il n'a jamais ressentis envers une femme. Et vice-versa. Il devance même les pensées de Jo. S'il parle, c'est pour dire les mots que Jo a sur le bout de la langue mais qui lui viennent toujours avec un instant de retard. S'il fait un geste, Jo sent une force qui le pousse à faire le même. Ils se devinent d'un seul regard. Bientôt un battement de cils suffira. Pour un homme comme Jo qui voit toujours dans la glace des traits trop frustes, qui refuse de se faire photographier pour ne pas montrer son nez crochu et ses cheveux qui ont l'allure d'un postiche de mauvaise qualité, Luc est la grâce même. Une grâce qui se confond avec la vérité quand il parle. Avec Dieu quand s'exprime saint Bernard qui l'habite.

Jo pose sa main sur celle de Luc avant de lui faire l'ultime confidence.

– Il faudrait que vous examiniez Dominique. Elle est enceinte.

– Que c'est étrange, dit Luc, ma femme l'est aussi...

Sans rien ajouter, il laisse monter en lui la chaleur que dégage Jo. Il cherche l'inspiration. Il y a un instant encore, on entendait les femmes astiquer la cuisine comme elles le font après chaque repas, mais un silence monastique a suivi, un silence si absolu que la voix de Luc, quand il reprend la parole, a des résonances prophétiques.

– Dominique portera dans son sein un enfant d'origine cosmique qui deviendra pour toutes les personnes qui croiront en nous la promesse de la résurgence du temple et du monde nouveau, et cet enfant-Dieu survivra à l'Apocalypse...

Ces mots-là, Jo n'aurait jamais pu les prononcer. Serait-il allé chercher Luc pour cette seule prophétie qu'il n'aurait pas perdu son temps. Bouleversé par ce qu'il vient d'entendre, Jo serre sa main dans la sienne, bouche bée. Par la fenêtre entrouverte, ils entendent soudain le crépitement du petit bûcher. Leur parvient ensuite une vive odeur de plumes et de chair brûlée, signe de la régénération d'un oiseau mort-né.

4

La nuit, à cause de son diabète, Jo se lève souvent pour aller faire ses besoins. Comment, dans les circonstances, trouve-t-il le temps d'avoir de longues conversations nocturnes avec les entités qui lui apparaissent en songe? Cela reste un mystère que ne saurait expliquer sa femme Jocelyne puisqu'elle-même dort toujours d'un sommeil de plomb. D'un sommeil si profond, en fait, que Jo peut se permettre, sans qu'elle s'en rende compte, de fréquentes escapades dans la chambre de Dominique. C'est durant l'une d'elles qu'il lui a annoncé un pèlerinage de la plus haute importance auquel la communauté serait conviée et dont Dominique serait le centre d'attraction. L'affaire est convenue avec Luc qui a réussi à décoder la raison pour laquelle le grand maître de La Valette est apparu à Jo. Il faut sans délai se rendre à Malte avant d'aller se recueillir en Égypte dans les ruines du Moyen Empire et au temple de Deir el-Bahari. Dès qu'Odile sera levée, il va lui demander de convoquer d'urgence tous les membres de la Golden Way.

La fondation compte maintenant une cinquantaine de fidèles, toujours prêts à quitter leur famille et leur travail sur un simple coup de fil. À Malte, quelques jours plus tard, ils sont trente à gravir en plein midi une colline d'où on aperçoit la Méditerranée de deux côtés. On est à la fin d'octobre, mais le soleil tape assez fort pour que les voyageurs se délestent des pulls et des blousons. Sur un plateau où s'alignent des mégalithes datant de l'époque où Carthage faisait la pluie et le beau temps, Jo demande à ses fidèles de former un grand cercle dont il explique la signification.

— Un corps de forme circulaire enveloppe l'ensemble du monde, dit-il, et sous ce corps sont placés les trente-six décans transportés le long du zodiaque avec les planètes. Rien de tout ce qui arrive n'a lieu sans l'influence de ces décans.

Jo demande ensuite à tout le monde de se recueillir. Il prend la main de Dominique puis celle de Jocelyne pour transmettre à l'une et à l'autre les vibrations du grand maître de La Valette. À la fin, chacun ressent ces vibrations comme s'il tenait aussi la main de Jo. Venant de la mer, le vent n'est d'abord qu'un murmure dans les buissons, puis il se lève, grossit, et se met à siffler avec harmonie à travers les pierres ajourées des mégalithes. Comme lorsqu'on souffle au-dessus du goulot d'une bouteille.

— Écoutez, lance Jo d'une voix qu'assourdit le vent, ce sont les chants de l'Atlantide.

On prête l'oreille. Le bruit du vent dans les buissons, la rumeur lointaine de la mer, la stridulation des cigales qui n'ont pas encore fait leur adieu à l'été, tous ces sons inhabituels pour des citadins, mixés par quelque invisible ingénieur de son et repris par l'écho, finissent par atteindre les proportions d'une clameur. Jo n'aurait rien dit, qu'on aurait deviné que c'étaient les chants de l'Atlantide.

Alors que tous se sentent transportés par ce qu'ils voient et entendent, Luc n'arrive pas à détacher les yeux de sa voisine, une jeune fille qui a rejoint le groupe à l'aéroport de Rome. Elle s'appelle Hélène et elle vient d'avoir vingt ans. Elle a des yeux d'un vert intense et ses cheveux roux qu'elle porte très longs sont plats et collés sur ses joues, ce qui allonge son visage déjà fin et lui donne l'air triste des personnages de Modigliani.

Il y a une douzaine d'années, Jo et le père d'Hélène se sont liés d'amitié à la suite d'une rencontre amusante dans un restaurant de Tel-Aviv. À l'époque, même s'ils vivaient ensemble depuis peu et qu'elle était enceinte d'Élie, Jo et sa femme étaient presque toujours à couteaux tirés. Résolue à avoir enfin une explication sérieuse avec son mari, Hélène Ghersi avait donc réservé une table dans un restaurant du centre-ville, mais comme le maître d'hôtel n'arrivait pas à comprendre son nom de famille, elle s'était contentée de s'identifier par son prénom. Quant à M. Évrard, devant se rendre en Israël pour ses affaires, il en avait profité pour y emmener sa femme et sa fille. Tout à fait par hasard, la famille s'était retrouvée au restaurant où Hélène Ghersi avait réservé. En arrivant, M. Évrard avait discrètement demandé au garçon qu'on prépare un gâteau d'anniversaire pour sa fille et qu'on y inscrive «Bonne fête, Hélène!». Au dessert, le maître d'hôtel se présenta tout sourire à la table de Jo, entonnant avec son accent yiddish et sa voix de fausset un timide «Happy Birthday, Hélène». Toujours ombrageux lorsqu'il a l'impression qu'on se moque de lui, Jo crut à une mauvaise blague de sa femme, mais elle-même ne comprenait rien à l'affaire. Le père de l'autre Hélène accourut et fit réacheminer le gâteau vers sa table. Fille et parents finirent la soirée avec les Di Mambro, ce qui donna naissance à leur amitié.

M. Évrard avait au Québec et en France des relations en haut lieu. Hélas! Jo n'a jamais pu les exploiter à cause de sa mort prématurée. Il n'a jamais cessé de voir Hélène sur qui il a fini par avoir l'ascendant d'un père.

C'est seulement une fois rendu en Égypte que Luc parvient enfin à faire connaissance avec elle. Debout sur le pont supérieur du bateau qui descend le Nil, les mains appuyées sur le bastingage, Hélène regarde se dérouler l'étroit ruban vert qui constitue toute l'Égypte fertile et au-delà duquel il n'y a que sable et grès à perte de vue. Comme elle s'émerveille devant lui de cette végétation luxuriante qui coupe le désert en deux, Luc lui parle du rôle de la déesse Osiris. Par sa mort et son immersion dans les eaux du Nil, cette divinité est devenue la puissance du règne végétal. C'est le grain qui meurt dans le sol de l'hiver pour renaître ensuite sous la forme de l'épi porteur d'une vie nouvelle.

– L'homme reprend vie dans l'au-delà, Hélène. Les simples mortels ne peuvent espérer qu'une survie calquée en tous points sur leur existence terrestre mais nous, les élus, nous pouvons ambitionner une destinée vraiment sublime. Purifiés par le feu, nous irons prendre place dans l'astral aux côtés du soleil...

Dans un autre lieu, à une autre heure, Hélène aurait pesé les paroles de Luc. Mais ce soir, alors que le bateau commence sa manœuvre pour accoster à Luqsor, que des parfums exotiques montent dans l'air moite et que le soleil n'est plus qu'une lueur rougeoyante au-dessus du désert lybien, la vie paraît irréelle.

Où et en quel temps sommes-nous? Au XXe siècle ou des millénaires avant le Christ? Dans ces paroles prophétiques, Hélène croit entendre la confirmation du destin singulier dont Jo lui a souvent parlé sans jamais être plus précis. Elle regarde Luc qui fixe le ciel, inspiré. Elle ferme les yeux. Les mains de Luc s'emparent des siennes qui serrent le filin d'acier du bastingage: elles lui paraissent brûlantes.

Le lendemain, les pèlerins, comme à Malte mais sachant désormais pourquoi, reforment un cercle dans le cirque sablonneux de Deir el-Bahari sur une terrasse du temple funéraire de la reine Hatshepsout. La chaleur humide colle à la peau, la poussière des ruines et des nuages menaçants rapetissent l'horizon. Jo prend Dominique et Jocelyne par la main. D'une voix puissante, Luc supplie les entités cosmiques de veiller sur la petite communauté durant son bref séjour terrestre. Il étend les bras et, au même moment, un éclair déchire le ciel. Sa trace fulgurante vient se perdre au-dessus de la tête de Dominique qui tombe, apparemment foudroyée. Les pèlerins sont stupéfaits. Luc se précipite sur elle et constate avec soulagement que la jeune femme n'a rien. Elle a juste perdu conscience: la peur ou la chaleur étouffante ont eu raison de ses forces. Cependant, l'incident est trop opportun pour qu'on n'en tire pas parti. Une fois Dominique remise sur pied, Jo l'étreint pour la soutenir et Luc apprend à tous que la reine Hatshepsout vient de se manifester. Comme il y a deux mille ans s'était manifesté l'archange Gabriel à Marie. Que comprennent ceux qui le peuvent...

C'est la pleine lune d'octobre. Dans une atmosphère chargée d'émotion, le pèlerinage s'achève dans la chapelle de la grande maison genevoise. Les pèlerins ont revêtu des aubes blanches et sont assis, les yeux fermés, mains sur les genoux. Au centre de la pièce se trouvent deux fauteuils inoccupés. Derrière ces fauteuils, sur un autel recouvert d'une nappe de velours rouge, brûlent quatre bougies placées de chaque côté d'un petit coussin blanc sur lequel a été déposée une rose rouge fraîchement cueillie. Un miroir surplombe l'autel, multipliant dans la pièce, dont c'est le seul éclairage, la flamme des bougies.

On entend les premières notes de l'ouverture de *Tannhäuser*. Au moment où les chœurs se taisent et que Tannhäuser évoque avec passion la déesse de l'amour, Luc et Jo apparaissent. Luc, pieds nus, est vêtu d'une modeste aube blanche et Jo porte une cape rouge au dos de laquelle est brodé en fil d'or un aigle à deux têtes. Il brandit une épée et chaque fois qu'il la remue, la lame répercute, tels des éclairs, la flamme des bougies. Sur un geste de Jo, Dominique s'agenouille et il pointe son épée vers elle. La musique cesse d'un coup et fait place à la voix troublante de Luc:

– Ô Malachie, toi qui es mort dans mes bras après être venu d'Irlande pour te réfugier à mon abbaye de Clairvaux, fais en sorte que notre petite sœur Dominique soit fécondée par cette épée que Cagliostro lui-même nous a léguée. Que par elle et le sacrifice que nous ferons tous de nos vies apparaisse un jour l'enfant cosmique que nous appelons de toutes nos forces...

– Ainsi soit-il, répondent les initiés.

Une immense lueur apparaît et la pièce entière semble près de s'enflammer. Le finale du *Crépuscule des dieux* éclate. La pointe de l'épée touche les lèvres de Dominique qui les ouvre d'instinct. Comme l'autre jour au temple d'Hatshepsout, un éclair vient près de la terrasser.

– Grâce au sacrifice de notre sœur Dominique, nous entrerons dans une ère nouvelle, s'écrie Luc avec enthousiasme, et notre pauvre karma prendra fin.

Quelques heures plus tard, encore sous le choc de la cérémonie de fécondation, personne n'est pressé de regagner son lit. Alors que la pleine lune pâlit dans le ciel qui s'éclaire, Dominique, Nikki et Hélène attendent dans le jardin que le soleil se lève. Assises en face de l'étang, des châles sur les épaules, elles causent à mi-voix de l'expérience émouvante qu'elles viennent de vivre.

– Quand le rayon de l'épée m'a touchée, dit Dominique en posant la main sur son ventre, j'ai senti une onde brûlante. Tout à coup, j'ai eu la sensation d'être habitée par quelqu'un d'autre...

Hélène et Nikki soupirent. Comme elle a de la chance d'avoir un bébé!

– Plus qu'un baby, reprend Nikki dans son franglais habituel, Luc a dit qu'il serait le messie.

Dominique n'arrive pas à croire ce qui lui arrive. Pourquoi elle? Elle fait partie de la fondation depuis à peine trois ans. Il n'y a pas si longtemps, elle ne pensait qu'à faire la fête, à se droguer et à baiser. À Lyon, son look Marilyn Monroe faisait fureur.

C'était une habituée des clubs privés et on la retrouvait souvent aux petites heures dans les brasseries de Perrache ou de la place Bellecour. Elle racontait mensonge sur mensonge. À l'un, elle disait revenir du festival de Cannes où elle avait rencontré des producteurs américains absolument charmés; à l'autre, avoir mangé avec Michel Drucker qui lui avait proposé d'être l'hôtesse d'une grande émission de variétés.

Pendant ce temps, afin que son père, un industriel parmi tant d'autres à Lyon, ne lui coupe pas les vivres, elle avait étudié dans le but de devenir esthéticienne comme sa mère. Un métier qui ne l'obligerait pas à s'incruster sur les bancs d'une école supérieure. C'est Évelyne, la deuxième femme de son père, qui lui avait présenté Jo. Ces deux-là s'étaient connus par le biais de l'opéra, Évelyne étant une délicieuse interprète de Verdi. Après son divorce, Roland avait jeté l'éponge au sujet de sa fille, croyant qu'il ne réussirait jamais à la remettre sur le droit chemin. Évelyne avait fini par lui conseiller de la confier à Jo qui faisait merveille avec les êtres. Avec lui, ça passe ou ça casse, affirmait-elle. Le père n'avait rien à perdre; la fille, tout à gagner. Évelyne avait eu raison: en quelques mois, Jo avait fait de Dominique une nouvelle femme.

Elle se rappellera toujours le soir de sa «conversion» survenue moins d'un mois après son arrivée à «La Pyramide», à Collonges. Exceptionnellement, après le repas, la maisonnée s'était rassemblée devant la télévision pour regarder une entrevue avec Hubert Reeves. Quand il affirma que dans à peu près cinq mille cinq cents ans, Alpha Polaris perdrait son titre d'étoile polaire en faveur d'une nouvelle étoile, Alpha Cephei, Jo se leva indigné et furieux. «C'est de la foutaise, dit-il, jamais notre monde ne vivra aussi longtemps.»

Tous crurent Jo sur parole, sauf Dominique qui poussa l'insolence jusqu'à défendre l'astronome. Jo, qui n'a ni stature physique imposante ni beauté, est un dieu jaloux tourmenté par la crainte de se faire mener en bateau par les femmes qu'il a choisies. Il entraîna Dominique dans le boudoir qui lui sert aussi de bureau et s'assit avec elle sur le canapé. La fixant avec intensité, il lui annonça qu'un de ses chakras était obstrué. Selon lui, cette malencontreuse obstruction l'empêchait d'aller au-delà des apparences.

— Je vais le nettoyer, lui dit-il.

Il se leva et mit de la musique. La voix de Maria Callas chantant *Casta diva,* le grand air de *Norma,* emplit la pièce. Avant même que Dominique ait eu le temps de réagir, elle était allongée sur le canapé. Jo fit glisser sa culotte et son collant le long de ses jambes et les repoussa sous le canapé avec les souliers à talons aiguille.

— C'est ton chakra situé sur le sacrum.

Peu férue d'anatomie, elle apprit où se trouvait le sacrum dès que les doigts de Jo commencèrent à palper ses vertèbres. Sans jamais cesser de pétrir ce point situé tout au bas du dos, Jo souleva le bassin de Dominique de quelques centimètres, juste ce qu'il fallait pour que son souffle réchauffe son sexe jusqu'à l'orifice de l'anus.

— Sens-tu qu'il se dégage?

Dominique n'était plus en état de répondre. Cette haleine douce faisait monter tout le long de sa colonne un courant électrique, et s'exhaler de son sexe une liqueur que Jo entreprit de lécher. Elle ne pouvait plus que gémir. Quand ses gémissements devinrent une plainte continue, la langue de Jo se fit plus fine et commença de tournoyer fébrilement. Dominique ressentit une grande libération qui se mit à irradier dans tout son corps jusqu'au bout des doigts, jusqu'à la pointe des pieds. Son soulagement était total. Pour la première fois de sa vie, elle avait l'impression que le sang circulait librement dans toutes ses veines, si petites soient-elles.

En pleine béatitude, les trois femmes n'ont même pas senti le froid toujours plus vif en fin de nuit. Dominique tressaille, mais ce n'est pas de froid: sans se consulter, Hélène et Nikki ont posé l'une et l'autre une main sur son ventre. Elle sourit en hochant la tête.

— Je ne comprendrai jamais pourquoi c'est moi qu'on a choisie pour porter cet enfant.

Nikki et Hélène ne se posent pas la question. Pour elles, au contraire, il est évident que les entités ne pouvaient mieux choisir. Quelle extraordinaire façon de reconnaître que Dominique a changé de vie! Combien de personnes comme elle ont vu la lumière et sont devenues de grands saints après une jeunesse tumultueuse et dissolue, à commencer par saint Paul lui-même?

— On est amies pour la vie, murmure Hélène.

— Pour toute «la» éternité, reprend Nikki.

— L'éternité, pas «la» éternité! corrige Dominique en riant.

— Comment, c'est pas féminin? s'exclame Nikki que les subtilités du français ne cessent de confondre.

Hélène et Dominique pouffent de rire mais s'arrêtent instantanément lorsqu'elles voient Luc apparaître dans le jardin. Pieds nus malgré le froid, le corps enveloppé d'une djellaba blanche dont il a remonté le capuchon, il marche d'un pas aérien jusqu'au vieux chêne dont la frondaison touffue prive une partie du gazon de sa part de lumière et de pluie. Au pied de l'arbre, il s'arrête et entoure le tronc de ses bras. Il lève la tête vers le ciel jusqu'à ce que son menton s'appuie contre l'écorce rugueuse. Malgré l'inconfort, Luc reste figé dans cette position. Les femmes l'observent en silence.

Est-ce la lumière incertaine de l'aube qui les trompe? On dirait que les pieds de Luc se détachent lentement du sol et le voilà qui lévite accroché par les bras au tronc de l'arbre. Elles échangent un regard craintif puis, fascinées, elles tournent de nouveau la tête vers Luc. Quand elles se décident enfin à rentrer, Nikki et Hélène restent seules quelques instants sur le seuil de la porte. Elles n'ont pas besoin de parler, elles savent l'une comme l'autre que l'image de cet homme capable de prier et de méditer avec une telle ferveur restera à jamais gravée dans leur mémoire. Elle leur fait comprendre, plus que tous les propos que Jo leur a tenus au sujet de Luc, la raison pour laquelle il a pris tant de place en si peu de temps au sein de la communauté. Tant de place, en effet, qu'on n'y voit presque plus Michel pour qui Jo avait tant de respect et d'admiration!

Avant de franchir la porte, Hélène risque un dernier coup d'œil. Luc n'a pas bougé mais ses pieds touchent maintenant le sol. Elle tressaille.

— Tu es froide? demande Nikki.

— Je ne sais pas. Je pense que j'ai peur, répond Hélène.

— De quoi?

— Il y a eu trop de changements depuis quelque temps, je crois.

Nikki prend la main de son amie qui continue de réfléchir à voix haute.

— Et si un jour on nous demandait des choses qui sont au-dessus de nos forces...

Nikki sourit avec sérénité. Un jour, bien sûr, elles aussi seront appelées. Comme Dominique aujourd'hui. Elle a souvent parlé avec Toni des exigences des maîtres de l'invisible, du dévouement que Jo exige en leur nom, du désagrément de n'être jamais seuls, d'avoir toujours pesant sur eux l'œil inquisiteur d'Odile ou de Jocelyne. Mais c'est un bien modeste prix à payer pour vivre sous la protection des entités.

— Avec Jo, ajoute Nikki, on est comme des petits oiseaux qui grandissent dans leur nid et qu'on nourrit chaque fois qu'ils ont faim.

Qu'ont-ils à craindre puisque des êtres supérieurs veillent sur eux? C'est grâce à Jo qu'elle a rencontré le grand amour lorsqu'elle est venue comme fille au pair à Genève s'occuper de deux fillettes. C'est lui qui l'a jetée dans les bras de Toni parce qu'il a bien vu que c'était un garçon pour elle. C'est encore lui

qui a mis dans la tête de Toni de l'épouser. Le jeune homme
était si timide, si réservé, si solitaire que sans l'insistance de Jo,
il n'aurait rien fait et elle serait repartie en Angleterre. Que lui
serait-il arrivé là-bas? Après cette mauvaise chute qui lui a laissé
des séquelles permanentes à la hanche, qui a dégénéré en
arthrite et mis fin à son rêve de danser avec le Saddler's Well,
elle serait devenue petit prof de danse, sans doute. Avec Toni,
elle a appris la couture et la peinture sur soie et ils sont devenus
de bons artisans dont la réputation dépasse déjà les frontières de
la Suisse. Grâce à Jo encore!

— J'ai trouvé «mon» vocation, alors je suis heureuse. Le
futur, je m'en fiche. On fait confiance. Ici, c'est comme un
cocoon et moi, c'est mon besoin...

«Chacune a son histoire, chacune a ses raisons, pense
Hélène. Nikki, c'est la danse, l'accident, puis cette merveilleuse
histoire d'amour avec Toni. Dominique a été choisie, il n'y a pas
de doute. Par Jo d'abord... ensuite par les entités. Et moi, qu'est-
ce qui m'attend?»

C'est déjà le matin quand elle va se mettre au lit. Elle est
épuisée, mais elle sait qu'elle ne pourra pas dormir, incapable de
chasser ces questions qui reviennent dans sa tête comme une
ritournelle. Quel sort les entités lui réservent-elles, à elle qui n'a
ni mari ni enfant dans son sein, à qui on n'a même pas découvert la moindre vie antérieure? Pourquoi Jo qui l'aime bien a-t-
il moins d'attentions pour elle que pour Dominique et même
Nikki? Peut-être la connaît-il depuis trop longtemps? Il l'a vue
grandir, elle a passé plusieurs étés à Annemasse, puis à Collonges, tandis que les autres sont venues après. Avec elle, Jo n'a pas
le même rapport. Peut-être la voit-il encore comme une enfant?
Pourtant, Dieu sait qu'elle a mûri depuis le jour où son père,
pour une sordide question d'argent, s'est enlevé la vie d'une
décharge de carabine. Elle aurait besoin de parler davantage
avec Jo, mais il n'a jamais de temps à lui consacrer. Ces jours-ci,

c'est l'agrandissement de son domaine qui le préoccupe. Il a réussi à convaincre un riche propriétaire genevois – dont il soigne les petits malaises à grandes doses d'ésotérisme et de psychologie à deux sous – d'acheter le corps de ferme voisin de la maison templière pour le transformer en appartements et en salles de réunion.

Après ces travaux, Jo lui a promis de la mettre en charge d'une librairie qu'il entend ouvrir à Montréal, mais c'est tout ce qu'il lui a dit. Est-ce vraiment là tout ce que les entités attendent d'elle? Qu'elle devienne libraire? Et après, que lui demandera-t-on?

«Après, il faut faire confiance, lui dirait Nikki. Il faut faire confiance...»

5

Après une grossesse sans histoire, Dominique accouche au mois de mars 1982. Ayant décidé que le messie ne devait pas naître sous les regards curieux de ceux dont il va un jour sauver la vie, dès que Dominique a commencé de ressentir des douleurs, Jo l'a emmenée à Hofstetten, un petit bourg du canton de Berne où une amie de la fondation les a accueillis dans sa propre maison. Comme la plupart des pères dans la même situation, il fait les cent pas à l'extérieur de la chambre. Ce n'est pas qu'on lui en refuse l'accès, mais lorsqu'il a vu le lit se tacher de sang et entendu Dominique lancer un cri de douleur au moment où la sage-femme pratiquait une épisiotomie de fortune, il a préféré sortir à l'extérieur avaler une bouffée d'air froid. Jo ne supporte pas le sang.

À son retour dans la maison, il n'a pas eu le courage de retourner dans la chambre. Il s'est contenté de signaler sa présence. Même s'il n'a pas fumé depuis une décennie, il se surprend à glisser entre ses lèvres une cigarette imaginaire. Quand il voit la femme de la maison venir vers lui en souriant, il pousse un grand soupir de soulagement: l'accouchement ne se déroule donc pas si mal.

– La tête est engagée, Jo, ce n'est plus qu'une question de minutes. Si tu veux me suivre...

Son ton n'a rien d'un ordre mais Jo obéit même si la perspective de revoir Dominique en train de gémir sur le lit rougi de sang le fait frémir. Sur le pas de la porte, il hésite. L'odeur lui monte au nez et lui lève le cœur.

– Jo! Pourquoi Jo n'est pas ici? crie Dominique, au désespoir.

– Je suis près de toi, répond-il en entrant, mais Dominique n'entend plus que les ordres brefs de la sage-femme:

– Inspirez, expirez, inspirez...

Les yeux baissés pour ne pas voir le champ opératoire, Jo pose ses mains sur les tempes mouillées de Dominique. Elle les prend vivement et les laboure de ses ongles tout en haletant si bruyamment qu'on n'entend plus dans la pièce que son souffle saccadé. Tout à coup, elle cesse de haleter, laisse échapper un long gémissement et son corps se relâche.

– Voilà, voilà, c'est parfait, dit la sage-femme en entourant de ses mains gantées le bébé qui vient d'être expulsé.

Dominique se soulève avec peine sur ses coudes.

– Qu'est-ce que c'est?

– Une jolie petite fille, dit la sage-femme attendrie.

– Montrez-la-moi!

– Non! lance Jo sèchement.

Et il cloue les épaules de Dominique sur le lit. Surprise de cette réaction, la sage-femme veille à la suite des choses sans montrer la nouveau-née à sa mère. Celle-ci devrait ressentir une grande joie, mais c'est tout le contraire. Elle a le sentiment d'avoir failli à la tâche, et le geste de Jo le confirme bien. Elle ferme les yeux, épuisée. Il desserre finalement son étreinte.

– Est-ce qu'elle a perdu conscience? demande-t-il.

L'accoucheuse répond sans regarder:

– Elle est à bout, monsieur. Elle dort.

Jo sort de la chambre pour téléphoner à Luc. Lui seul saura quoi faire. Une fille! Est-ce possible que les entités leur envoient un messie qui ne soit pas du bon sexe? Jo est subitement désemparé. Il appelle Luc à Léglise et lui donne rendez-vous à mi-chemin: un restaurant chic du parc de l'Orangerie à Strasbourg.

Devant une assiette de sot-l'y-laisse cuisinés à la purée de persil et aux truffes – un plat raffiné qui a séduit Luc malgré son prix astronomique –, Jo vient d'exposer «leur» problème. Est-ce l'arôme des truffes? Est-ce l'allure appétissante de ces minuscules filets de volaille? Est-ce cette capiteuse bouteille de Saint-Émilion Château Cheval Blanc? À mesure que Jo parle, le problème semble à Luc de moins en moins sérieux. Ce n'est pas parce que ce bébé a le corps d'une fille que c'en est une! On doit aller au-delà des apparences. Une ovulation préparée sur les hauteurs de Malte, le long du Nil et sur les terrasses pharaoniques de Deir el-Bahari, suivie d'une fécondation à la pointe de l'épée de Cagliostro, cela pourrait-il donner autre chose qu'un enfant cosmique?

Jo sourit. Qu'il voudrait avoir la vivacité de Luc et son aptitude à faire flèche de tout bois! Le repas terminé, Jo acquitte l'addition avec le plus grand plaisir. Les mille deux cent trente-six francs français qu'on lui demande lui semblent même légers.

6

À Plan-les-Ouates, c'est soir de pleine lune encore quand Jerry vient garer la Mercedes au 109 de la route de Saconnex-d'Arve. Jo descend le premier, ouvre la portière avant et regarde le bébé tout emmailloté qui a fait le voyage dans les bras de Dominique.

– J'ai tellement hâte de la montrer aux autres, dit-elle.

– «Le»! corrige Jo.

À aucun moment Dominique ne doit parler de cet enfant autrement qu'au masculin. Comme s'il voulait la punir pour son lapsus, il le lui arrache des bras et le remet à Luc. Elle proteste.

– Cet enfant ne t'appartient plus, coupe Jo. C'est à Luc de le présenter.

Les larmes aux yeux, la gorge serrée, ayant encore du mal à marcher à cause des points de suture, Dominique suit les trois hommes. Jerry ouvre la porte et retentit aussitôt une musique qui ne saurait être plus appropriée: *L'annonce,* la première partie du *Messie* de Händel. Luc soulève l'enfant au bout de ses bras.

– Voici l'enfant cosmique que nous attendions tous et qui s'appellera Emmanuel, dit-il sur un ton grave. Cet enfant devra toujours être isolé de l'élément terre et personne ne devra s'approcher de lui, le regarder dans les yeux ou le toucher, sauf Jo, Dominique et Nikki qui aura le devoir de veiller sur lui comme une mère.

Des yeux, Nikki interroge Toni qui se contente de hocher la tête. Jo lui a téléphoné afin de régler tous les détails de leur arrivée mais il n'a rien dit au sujet de la tâche qui attendait Nikki. Luc continue son annonce à la communauté.

— Jamais cet enfant ne devra verser une seule goutte de son sang au risque de voir se dilapider une partie de son précieux code génétique. Notre modeste fondation connaîtra bientôt un grand essor et cet enfant y sera pour quelque chose.

Dans un geste théâtral, il remet le poupon à Jo qui invite Nikki à le suivre à l'étage où Toni a déjà préparé la chambre du messie. Luc poursuit sa harangue.

— Prions maintenant pour que saint Bernard et les cinquante-quatre frères templiers que l'archevêque de Sens a si injustement envoyés au bûcher nous viennent en aide!

Luc ferme les yeux, imité par tous. Restée à l'écart, Dominique s'effondre. Ses jambes se sont dérobées sous elle comme si elles avaient été de coton. Personne ne s'aperçoit que la jeune maman a perdu conscience. C'est l'Enfant-Dieu qui compte désormais. Pas celle dont le destin est maintenant accompli.

7

Pendant tout ce temps, Marie-Christine est restée dans la lugubre maison de Léglise. Tant bien que mal, elle essaie de convaincre les gens du village des vertus de la sophrologie qu'elle pratique depuis quelques années. Même s'ils habitent à une centaine de kilomètres de Nancy où se trouvent les maîtres de cette science qui veut renouveler la connaissance du psychisme humain en alliant les messages de l'Orient à ceux de l'Occident, les villageois l'ignorent complètement. Pour eux, tout ça c'est du chinois et Marie-Christine n'est pas à la veille de provoquer chez eux des états d'extase qui leur feront oublier leur pénible sort.

Entre le voyage à Malte et au Proche-Orient et ses fréquentes visites à Plan-les-Ouates, Luc n'a fait que de brefs séjours à Léglise. Plus le temps passe, plus ce bourg morne lui pèse. Son enfance passée dans les vertes forêts du Zaïre, l'air salin de l'Atlantique et les vents doux des monts du Mayombe ne l'ont pas préparé au climat pluvieux du Luxembourg où les hauts fourneaux empestent l'atmosphère. De toute façon, Marie-Christine, qui accouchera dans quelques semaines, n'aurait pas pu supporter tous ces voyages. Luc n'a d'ailleurs eu aucune envie de l'emmener. Sa tendance à le mettre en garde contre Jo le contrarie beaucoup. «Je n'arrive pas à le décoder, cet homme», répète-t-elle. Jalousie. Pure jalousie, estime Luc que chaque nouveau séjour à la *Golden Way* conforte dans la conviction qu'il doit joindre ses forces à celles de Jo pour perpétuer l'héritage des templiers. En faisant profiter les malades des connaissances médicales exceptionnelles qu'il a glanées dans les pays étrangers, il peut gagner des adeptes à la cause, surtout si Jo lui apporte le support matériel dont il a besoin.

Luc entretient avec l'au-delà des relations privilégiées, tandis que Jo, héritier de Moïse lui-même, a l'appui des grands maîtres de l'invisible. Jo s'est toujours montré très discret à leur sujet, si bien que Luc doute parfois de leur existence, mais les deux hommes ont un tel besoin l'un de l'autre qu'ils ne s'embarrassent pas de ces questions.

Sans le sou, Luc est néanmoins riche d'une doctrine globale pour le salut de l'âme et du corps. On n'a qu'à suivre ses préceptes pour être en mesure de percevoir les vibrations bienfaisantes qui proviennent de l'astral. Tout est affaire d'hygiène. Par exemple, on ne mange pas la côte de laitue, car c'est «l'intestin» par lequel la feuille élimine ses toxines. On lavera avec soin les boîtes de conserve avant de les ouvrir. On ne doit pas saisir les aliments à feu vif parce qu'on les «tuerait» en les chargeant d'éléments nocifs. Les légumineuses qui ne trempent pas d'abord dans le bicarbonate de soude n'arriveront pas à transformer la purine présente dans les acides nucléiques. Et ainsi de suite. En cuisine, la règle est toujours la même: garder la nourriture «vivante» pour qu'elle puisse enrichir l'aura, ce halo qui enveloppe chacun de nous.

Jo profite de ce nouveau séjour de son ami à la maison templière pour conserver sur vidéo la quintessence de sa pensée. L'œil rivé au viseur de la caméra comme un vrai professionnel, il enregistre la conférence. Luc adopte un ton de velours avec de temps à autre, pour souligner un point plus sensible, quelques éclats de voix bien sentis.

– Inconstants, frivoles et superficiels, les hommes se cachent volontiers derrière de fausses vérités. Ils violent sans vergogne les lois naturelles et ils se sécurisent dans des conforts illusoires et passagers, négligeant les plaisirs nobles et profitables que leur offre la nature...

Luc lève les yeux et Jo interrompt aussitôt l'enregistrement.

– Ça va? demande l'orateur.

– Magnifique! Incroyable! Tu arrives à mettre en mots mes propres pensées...

Luc sourcille et cela n'échappe pas à Jo qui ajoute aussitôt:

– Mes pensées qui sont d'abord les tiennes, évidemment!

Luc se froisse parfois de la tendance de Jo à tout s'approprier, même des préceptes imaginés à force de patience, de réflexion et de lectures. Depuis sa première rencontre avec Jo, il n'a cessé de lire et de méditer. Il connaît maintenant mieux que lui l'authentique doctrine de la Rose-Croix. À la recherche de ses saintes racines, il a même trouvé le moyen d'approfondir quelques traités d'édification de saint Bernard et il arrive à citer de mémoire, et en latin, le célèbre *Salve, caput cruentatum*. Si Jo persiste dans sa manie de tout prendre à son compte, Luc finira par lui manifester son irritation.

Mais ce n'est pas le moment. À son cabinet de Léglise, les clients sont rares. Pire, ils sont indifférents. Ce sont des paysans grossiers et ignorants qui n'ont nul besoin d'un surdoué comme lui pour soigner leurs bobos, des ouvriers têtus qui n'écoutent rien, des guenuches qui vont faire leurs courses en pantoufles, et pas un qui accepte de changer ses mauvaises habitudes de vie ou qui montre le moindre intérêt pour sa doctrine. On est à cent lieues de la clientèle distinguée de Genève.

Et puis, il y a le lourd climat familial auquel un bébé risque de ne rien changer. Luc en a assez de l'ennui réducteur que distille Marie-Christine. Il sent le besoin de s'entourer de personnes qui apprécient sa valeur et sont animées du désir de transformer leur vie. Est-ce saint Bernard qui le pousse irrésistiblement? Il rêve d'empoigner le bâton du pèlerin, de voyager aux quatre coins de la planète, de convaincre les indécis, de convertir les sceptiques. C'est pour cela qu'il a besoin de Jo. Comme saint Bernard en son temps eut besoin de Hugues de Payns, créateur de l'Ordre du Temple.

— Tu devrais terminer ta conférence par une invitation à joindre «notre» fondation *Golden Way*, suggère Jo.

Il a insisté sur le «notre» et Luc acquiesce, reconnaissant. Pendant qu'il réfléchit à sa conclusion, Jo remercie le ciel d'avoir mis sur sa route cet homme qui prend ses désirs pour des ordres et qui ne perd pas de temps à discuter. Michel, que Jo a nommé à la présidence de la fondation, n'est pas de la même farine. Il a déjà une réputation enviable de musicien, il jouit de la confiance des maîtres de l'invisible mais il lui manque une pensée spirituelle originale. Luc est prêt à conclure. Jo retourne derrière la caméra, s'assure du point et donne le signal de départ.

— À quoi êtes-vous tous conviés, chers amis? À venir vivre avec nous dans un esprit de véritable fraternité et dans le respect de tous les règnes et de toutes les races. Je vous incite solennellement à élever votre conscience et à dépasser les croyances superficielles de ce monde. Nous sommes parties d'un tout cosmique et ne l'oubliez jamais, l'homme est multiple dans sa forme mais il demeure «un» en l'esprit et en l'essence!

En guise de point final, il ouvre les bras comme pour accueillir à l'avance ceux que sa parole convaincra. Jo arrête la caméra et applaudit. Son prêcheur baisse modestement la tête.

N'empêche qu'il est très satisfait de sa conférence, première d'une série qu'on diffusera en Europe et en Amérique dans des librairies spécialisées et par le canal de clubs de «formation humaine» qui s'appelleront tantôt Archédia, tantôt Amenta, Atlanta ou Agata.

8

Dominique se remet lentement de ce que Luc a diagnostiqué comme une «dépression post-partum». La Vierge elle-même a dû en subir une, a-t-il dit à Dominique pour l'encourager, d'autant plus que l'étable de Bethléem n'avait rien du confort ouaté de la maison de Plan-les-Ouates.

Aujourd'hui, Jo est parti tôt en compagnie de Nikki mais à son retour il entre en trombe dans la chambre d'Emmanuel. Il fait disparaître des tiroirs de la commode tous les vêtements roses qui s'y trouvent, y compris les bavoirs, les rubans et les hochets. Il ordonne à Nikki de tout brûler sur-le-champ. Rien ne doit venir souiller ce qui a touché à l'enfant cosmique.

Un peu plus tard le même jour, alors que les autres sont déjà à table, Jo s'assoit pour dîner et, sur un ton qui n'admet pas la réplique, décrète que l'enfant cosmique sera désormais vêtu de blanc. Seront blancs ses jouets, le mobilier de sa chambre, les accessoires, enfin tout ce qui l'entoure. Du travail en perspective pour Toni et Nikki, qui avaient peint de jolies fleurs sur les meubles. Dorénavant, il faudra recueillir les selles de l'enfant et les mêler à la terre du potager afin que les légumes puissent tirer profit des vibrations positives qu'elles contiennent. Personne ne doit plus toucher au bébé. Jo a appris que certains s'étaient éga-rés jusqu'à inciter l'enfant à faire des risettes. Les femmes qui veillent sur lui devront, pendant les menstruations, porter des gants de coton blanc et les laver après chaque usage. Cette règle s'applique aussi à Dominique que Jo a surpris la veille en train de tapoter les petites fesses cosmiques.

— Je les saupoudrais de talc, riposte-t-elle.

— Eh bien! la prochaine fois et tant que tu seras dans cet état, tu le feras avec des gants!

Dominique lui jette un regard noir, se lève avec ostentation et se précipite dans sa chambre. À voir la tête de Jo, les convives concluent qu'il vaut mieux ne pas intervenir.

Le dîner terminé, Hélène s'esquive. Munie de fruits et de pain, elle va retrouver Dominique. Celle-ci est couchée à plat ventre, les yeux rouges et enflés. Elle n'en peut plus. Là-bas, à Hofstetten, elle n'a pas pu voir son bébé et depuis qu'ils sont revenus, on lui interdit de le prendre et de le cajoler. Jo la fait espionner par Jocelyne pour s'assurer qu'elle respecte les règle-ments. Maintenant, elle devra même enfiler des gants pour tou-cher à son propre enfant. Hélène lui dit que Jo leur a expliqué pourquoi après qu'elle a quitté la table. Le sang des règles trans-porte des antigènes qui peuvent attaquer le programme génétique de l'enfant un peu comme les virus informatiques détruisent ou dérèglent les logiciels. Dominique est étonnée d'apprendre qu'il puisse exister des virus de ce genre. «Eh oui! opine Hélène, c'est difficile à croire, mais si Jo le dit...» Sa présence rassérène Domi-nique qui finit par s'endormir dans ses bras.

Quand elle sort de la chambre, Hélène tombe sur Luc qui l'attendait dans le couloir. Croyant qu'il veut la semoncer pour avoir rejoint Dominique en cachette, elle explique qu'elle l'a seulement aidée à s'endormir. Il lui sourit.

— Je t'observe depuis le début et je constate que tu as une très heureuse influence sur les autres. C'est bien ce que tu fais.

Un jour, tu rencontreras quelqu'un et tu le guideras vers sa plénitude spirituelle. Je ne peux voir encore de qui il s'agit mais à n'en pas douter, il s'agira d'une personne de qualité...

Hélène rougit et pense à sa rencontre avec lui sur le Nil. Quel est donc cet être mystérieux qu'elle va orienter vers le salut et dont Jo lui a parlé aussi? Sur le bateau, à Luqsor, elle avait imaginé pour un instant qu'il pouvait s'agir de Luc lui-même. Quelle présomption de croire, même un seul instant, qu'elle puisse être le guide d'un homme pareil! Tout en le remerciant de l'éclairer sur son destin, elle marche jusqu'à sa chambre, hésite un instant à la porte, l'ouvre et entre en sachant qu'il va la suivre. Elle se rend à son lit sans se retourner, l'haleine humide de Luc sur la nuque.

– Nous sommes tous frères et sœurs, tu le sais...

Il glisse sa main le long du dos d'Hélène et détache son chemisier. Elle n'ose bouger.

– En ce moment, dit-il, la situation de la lune rend l'univers très réceptif à l'énergie que nous dégageons. Est-ce que tu le sens?

– Euh... je crois que oui.

Il dégrafe son soutien-gorge et lui palpe un sein presque brutalement, comme s'il accomplissait un geste clinique.

– Nous sommes en situation parfaite par rapport aux astres, Hélène. Nous n'avons pas le droit de priver l'univers cosmique de notre énergie. Tu comprends?

9

Quand Luc revient à Léglise, cette fois-ci, il trouve la maison vide. Pas un mot de Marie-Christine, qui n'a pas seulement abandonné le foyer mais aussi le cabinet. Elle n'a donc aucune considération pour lui? Et quelle tristesse que cette maison! Sa femme a laissé tout en plan: la vaisselle sale traîne dans la cuisine, le lit n'a pas été fait et le répondeur n'est même pas enclenché.

Découragé, exaspéré, n'osant défaire sa valise, il se demande combien de temps encore il pourra supporter cette médiocrité. C'est alors que Van Nieuwenhove, son voisin flamand, survient en bafouillant et en crachant des «h» aspirés à tous les mots. Dans son français approximatif, il tente de se faire comprendre. Il arrive de Neufchâteau, dit-il, où il est allé reconduire sa femme d'urgence à la «hospital». Après quelques minutes, Luc finit par saisir que Van Nieuwenhove ne parle pas de sa propre femme mais de Marie-Christine. Les eaux de celle-ci ont crevé et elle a tout juste eu la force de se traîner jusque chez lui en se tenant le bas-ventre à deux mains.

Sans s'émouvoir, sans même prendre la peine de remercier ce bon samaritain, Luc saute dans sa voiture pour se rendre à

Neufchâteau sous une pluie d'avril qui assombrit encore le paysage déjà morne et gris. À la réception de la clinique, on lui apprend que le bébé est né. Mais il est mal en point, précise l'obstétricien. Que Luc aille d'abord réconforter sa femme, ils parleront ensuite.

Marie-Christine est aux abois, au bord de l'hystérie. Elle veut voir son bébé qu'on lui a littéralement arraché des bras sous prétexte qu'il avait besoin de soins intensifs. Elle a pour Luc des paroles très dures. Elle l'accuse de se foutre d'elle et de l'enfant, de vivre dans sa bulle, de plus en plus détaché de la réalité. Depuis qu'il s'est acoquiné avec Jo, son ego s'enfle démesurément. Luc, qui ne parvient pas à faire entendre raison à Marie-Christine, revient plus irrité qu'accablé auprès de l'accoucheur. Les nouvelles ne sont pas encourageantes. Le bébé souffre d'une cardiopathie congénitale et aucune intervention ne paraît possible. Si Luc le souhaite, on peut le faire transporter à l'hôpital de Namur où il y a des cardiologues de grande réputation, mais supportera-t-il le voyage?

Luc est consterné. Son destin sera donc toujours marqué par des accidents de naissance! Il a abandonné, encore qu'il s'en félicite, sa carrière sportive à cause d'une malformation de la hanche et maintenant, c'est son fils qui est entre la vie et la mort à cause d'une malformation du cœur. La rancœur le pousse à annoncer sans ménagement la douloureuse nouvelle à Marie-Christine. Un peu plus et il la tiendrait responsable de ce qui lui arrive.

Le lendemain, Marie-Christine se rend voir son bébé dans une chambre minuscule qui ressemble à un aquarium. Le tableau qu'elle y découvre la glace d'effroi: l'enfant a été intubé et malgré l'assistance d'un appareil respiratoire, il a le teint bleuâtre des cyanosés. On décide donc de le faire ondoyer. Le petit Sébastien succombe dans les jours qui suivent. On ramène le corps à Léglise.

Trop faible pour être présente à l'inhumation, la mère, inconsolable, s'enferme à la maison pendant que Luc veille aux formalités. Il s'engueule même vertement avec le fossoyeur qui a fait fi des ordres et placé le cercueil de telle sorte que la tête du petit ange se trouve orientée en direction de l'église. Il allait jeter les premières pelletées de terre quand Luc s'en aperçoit. Il oblige l'homme à sortir le cercueil de la fosse. La tête de Sébastien reposera pour l'éternité en direction du soleil levant, comme le veut la tradition des rose-croix.

L'été particulièrement maussade n'arrange pas les choses. Heureusement qu'un ami de Luc paie le loyer de la maison et renfloue le compte de banque du couple parce que le cabinet de Léglise reste désert. Éprouvée par la mort de son enfant, tourmentée par la solitude, Marie-Christine s'étiole. Elle profite de l'absence de Luc pour se rendre à Nancy dans l'espoir de trouver un poste de professeur. Mais si ses anciens maîtres conservent d'elle un bon souvenir, ils s'inquiètent de la voir verser de plus en plus dans l'ésotérisme. Revenue bredouille à Léglise, elle va passer de longues journées d'été à attendre d'éventuels patients qui ne viendront jamais.

Le 20 septembre, une tornade s'abat sur Léglise. Toutes les maisons sont dévastées. Une seule a résisté à la tempête: celle de Luc. Plus extraordinaire encore, dans le cimetière, la croix blanche marquant la tombe de Sébastien est intacte et la fragile rose de porcelaine collée en son centre n'a même pas une éraflure. Aucun signe ne saurait être plus explicite. De là-haut, saint Bernard de Clairvaux a veillé sur Luc afin qu'il puisse rappeler au monde le jour de l'éternité. Pas le jour qui commence le matin pour se terminer le soir, mais celui du plein midi qui est à la fois chaleur et lumière.

Pour que Marie-Christine se rende bien compte que leur maison n'a pas été épargnée par hasard, Luc l'emmène voir les dégâts que les autres villageois ont subis. Ils se rendent tous deux jusqu'à la tombe de Sébastien. Joignant les mains sous le menton, Luc explique à sa femme que c'est pour lui apprendre le détachement qu'on est venu chercher son enfant. Marie-Christine est révoltée.

— Et moi? Qu'est-ce qu'on voulait me montrer? Que je n'étais pas digne d'élever ton fils?

Parler avec Marie-Christine est de plus en plus malaisé. Incapable d'apprécier le destin qui lui a donné un tel mari, elle ne se préoccupe que de sa petite personne.

— Ne dis pas de bêtises. Rappelle-toi le songe dont je t'ai déjà parlé annonçant quelle importante mission m'attendait. Aujourd'hui, cela exige que je me détache aussi de toi. Je dois me libérer de ta prison charnelle afin d'adhérer au grand plan spirituel et cosmique.

— Et prendre des leçons de piano? enchaîne-t-elle.

— Des leçons de piano?

— Tu me prends pour une gourde? Je sais très bien que tu couches avec Françoise, la pianiste suisse.

Luc hoche la tête. Il songe à saint Bernard mettant continuellement ses moines en garde contre la femme, cet objet de péché, ce boulet empêchant l'homme de prendre son envol.

— Qu'est-ce que je vais devenir? finit-elle par murmurer.

— Si les entités tracent la route terrestre d'un homme aussi méprisable que je le suis, comment pourraient-elles oublier le sacrifice que tu dois encore faire? Un jour, elles désigneront quelqu'un à tes côtés. Un homme qui saura mieux que moi t'accompagner dans ton cheminement et ta quête d'équilibre.

Comme pour bien indiquer qu'elle n'a d'autre choix que d'obéir au destin, il se détourne et quitte le cimetière sans regarder derrière lui. Marie-Christine, atterrée, fixe la tombe sur laquelle n'ont germé que des mauvaises herbes. Pourquoi n'est-elle pas morte en couches? La perte de son bébé n'est donc pas déjà assez intolérable? Pourquoi faut-il qu'elle perde Luc aussi?

Son amour-propre la garde debout pendant un moment, puis les jambes lui manquent. Elle s'effondre et se met à gratter frénétiquement la terre avec ses doigts.

10

Une brève conversation avec Jo a suffi. Le verdict est tombé comme le couteau d'une guillotine: Marie-Christine n'est pas une femme pour Luc. Elle est un embêtement inutile, une distraction. Il a bien fait de la quitter. Son destin l'appelle à de trop grandes œuvres pour qu'il disperse temps et énergie en vaines tentatives de rapprochement.

Avec l'aide de Jo qui connaît la ville comme le fond de sa poche, Luc va installer son cabinet à Annemasse, en Haute-Savoie. Il pourra y pratiquer l'homéopathie sans être ennuyé par la médecine officielle comme il l'aurait été en Suisse et, surtout, il travaillera à moins d'une douzaine de kilomètres de Plan-les-Ouates où il habitera désormais.

Luc a accepté comme une évidence l'opinion de Jo sur Marie-Christine; il est toujours flatté de l'entendre dire qu'il rendra de meilleurs services à la communauté en transmettant son énergie à ceux que les entités mettront sur sa route. Comme Hélène, par exemple...

— Le printemps dernier, cette chère Hélène est repartie transformée pour le Québec, dit Jo, et elle n'a pas cessé de me parler de toi au téléphone. Depuis le suicide de son père, je ne l'ai jamais vue si sereine, si confiante en l'avenir, si convaincue d'avoir un rôle utile à jouer ici bas. Merci. Merci du fond du cœur, car je suis très attaché à cette fille.

Luc est touché de cette appréciation. En regardant Jo, pendant une fraction de seconde, c'est son père Napoléon qu'il revoit. Jo a presque le même âge et la même stature. Mais il existe entre les deux hommes une énorme différence.

Chaque fois qu'il se trouvait en présence de son père, Luc se sentait diminué. Tout petit dans ses chaussures, comme paralysé! Tandis que Jo le grandit, le fortifie, lui donne des ailes. Luc n'ignore pas qu'il produit sur lui des effets identiques mais il se garde bien d'en parler. Jo n'a jamais eu de mal à exercer sur son entourage toute l'influence qu'il veut. On lui obéit naturellement, on lui fait confiance les yeux fermés. Mais son corps convenait sans doute mieux au petit horloger-bijoutier qu'il était qu'au gourou qu'il est devenu! Il n'a pas le physique de l'emploi et il en souffre. Il s'identifie à Luc, à sa taille d'athlète, à ses épaules larges et droites, à sa belle tête haute, à son regard pénétrant, et cela le transforme. En sa présence, il devient svelte, élancé, élégant. Il est plus intelligent et plus sensible aussi. Il perçoit des choses qui lui échapperaient sûrement si Luc n'était pas là.

Un silence s'installe. Assis l'un à côté de l'autre dans la quiétude feutrée du bureau, ils restent longtemps sans dire un mot. Il y a entre les deux hommes de longs silences qui ne sont jamais lourds. Ils sont parfois équivoques, mais toujours douillets et confortables. Un *cocoon*, dirait Nikki. Jo finit par rompre le silence en disant que Marie-Christine sera la bienvenue à la maison de Plan-les-Ouates si elle ne sait pas où aller.

— Je veillerai même à lui trouver quelqu'un pour qu'elle ne t'importune pas trop, dit Jo avec un sourire entendu.

Dieu que cet homme le comprend! Luc a un mouvement vers lui. Il se surprend à vouloir l'embrasser comme il aurait voulu embrasser son père mais il se retient. Cette hésitation, Jo l'a perçue. Il presse affectueusement la main de Luc dans la sienne. Un autre maillon de leur chaîne vient de se souder pour l'éternité.

11

Près de deux ans ont passé depuis le jour où Jo et Luc, dans la voiture qui les emmenait à Genève, ont décidé de sauver l'héritage de Julien Origas, grand maître de l'Ordre rénové du Temple. Aujourd'hui, 18 août 1983, Luc a le sentiment de toucher au but. Origas l'a demandé d'urgence à son Château d'Auty.

Adossé à deux oreillers posés sur le traversin, le vieil homme est assis dans son lit. Les taies sont empesées comme des surplis d'enfants de chœur et ni sa tête ni son dos n'arrivent à y imprimer la moindre froissure. Origas n'est plus qu'une ombre. Les os sont saillants, la peau est parcheminée, la voix chevrotante. Son souffle est si faible qu'il pourrait s'éteindre sans qu'on s'en aperçoive.

Dehors il pleut des clous, un orage typique de fin d'août dans le Midi-Pyrénées, et toutes les fenêtres du château sont fermées. On entend le vent qui hurle au loin et la pluie qui tape contre les vitres mais à l'intérieur il règne une odeur âcre et médicamenteuse, une odeur de mort. Une bougie jaunâtre brûle sur la table de chevet à côté d'un missel et d'une croix d'ébène plantée sur un socle d'étain.

Les lèvres tremblotantes comme s'il marmonnait une prière, Origas regarde fixement son visiteur. Peut-être attend-il que cesse le bruit de l'orage? Luc sait l'importance de la rencontre mais il connaît assez l'extrême fragilité du malade pour ne pas souhaiter que son silence s'éternise. Il se penche et presse l'oreille contre la bouche d'Origas, jouant celui qui aurait mal entendu.

– Que me disiez-vous, maître?

Origas n'a rien dit du tout, mais il mobilise ce qui lui reste de forces pour répondre:

– L'heure du transit a sonné, Luc, et j'entends l'appel de Jacques de Molay et de Geoffroy de Charnay, nos frères des temps anciens. Merci de m'accompagner jusqu'à l'Esprit des Lumières.

– C'est un grand privilège que vous me faites, dit Luc que repousse l'haleine putride de l'agonisant.

À grand-peine, Origas arrive à tendre le bras vers le flambeau de l'Ordre qui est enfilé dans un anneau retenu au mur de pierres nues par un crochet rouillé.

– C'est à toi désormais de le reprendre et d'éclairer la voie.

Luc plonge la tête dans ses deux mains. Son attitude depuis qu'il est au chevet d'Origas est celle d'un homme qui voudrait voir cette responsabilité incomber à quelqu'un d'autre. C'est ce qui avait séduit Origas lors de sa première rencontre avec celui qui allait devenir son dauphin. Contrairement à Jacques Breyer, l'écrivain prétentieux avec qui il a créé l'Ordre, Luc a la modestie qui sied aux grands mystiques. Il est l'image même de l'humilité et n'essaie pas de cacher sa vulnérabilité. Comme le Christ au jardin des Oliviers, Luc exprime d'abord le vœu que ce calice s'éloigne de lui. Cependant, si tel est son destin, alors qu'il s'accomplisse... et vite!

– Maître, je vous promets de porter votre flambeau bien haut, clame-t-il en relevant la tête. Jusqu'aux confins de l'univers si on me prête vie et si on m'en donne la force.

Origas peut maintenant mourir en paix. Comme il est toujours immobile après plusieurs minutes, Luc s'énerve et le secoue vivement.

– Maître, maître, de grâce, ne partez pas ainsi...

Origas rouvre les yeux. Luc pousse un soupir de soulagement.

– Détache la housse du traversin et plonges-y la main, dit l'homme dans un souffle.

Luc s'exécute en sachant bien ce qu'il trouvera. Sa main touche des feuilles de papier enroulées et attachées par un ruban de velours. Luc extirpe le précieux rouleau du traversin tout en prenant soin de ne pas trop déranger le mourant.

– C'est la liste de nos frères. Elle t'appartient...

Quelle charge on vient de déposer sur ses épaules! Encore un peu, il courberait l'échine et demanderait grâce.

– Saint Bernard trouvera bien le moyen de te soutenir, ajoute Origas avant de se mettre à hoqueter sans discontinuer.

Luc se lève, décroche le flambeau et quitte rapidement la chambre. Quand il sort, la pluie a cessé, mais l'entrée du château est détrempée. Il se rend à sa BMW sur la pointe des pieds, ouvre le coffre et y dépose le flambeau qu'il enroule dans une vieille couverture. Il monte et enfouit le précieux rouleau de feuilles dans le coffre à gants, qu'il verrouille. Dès qu'il a démarré, le masque d'humilité qui plaît tant à Origas est remplacé par un sourire triomphant. Au café du village, Luc achète des jetons au zinc et descend téléphoner.

– Je viens de laisser Origas, dit-il à Jo. Sans même que je le lui demande, il m'a remis la liste des membres de son ordre. Il y en a plus de mille.

Luc a beau avoir des trémolos dans la voix quand il ajoute qu'il va attendre la fin du cycle terrestre du commandeur avant de quitter le château, Jo sait bien quelle joie il doit éprouver à la suite de ce bon coup. Luc raccroche, mais une voix de femme le cloue sur place:

— Monsieur Jouret, je vais prévenir nos membres. Aucun d'eux ne vous suivra, prenez-en ma parole.

C'est Catherine Origas! Elle était aux W.-C. et elle a tout entendu. Luc est livide. Un rat pris au piège. Il cherche les mots pour s'expliquer, mais elle ne lui en laisse pas le temps.

— Ne remettez plus jamais les pieds au château! Jamais, vous m'entendez.

Deux jours plus tard, le 20 août 1983, Origas s'éteint. Ce hoquet qui l'a pris à la fin de la visite de Luc l'a terriblement affaibli et il a vite sombré dans le coma. C'est dans cet état que sa fille l'a trouvé lorsqu'elle a voulu lui rapporter la conversation surprise au café du village. Dans les circonstances, elle a décidé de s'abstenir d'en parler à sa mère. Origas, de son vrai nom Julien Humbert de Frankenbourg, est mort sans avoir repris connaissance.

Après une cérémonie templière à laquelle assistent plusieurs dizaines de personnes, dont la plupart sont membres de l'Ordre rénové du Temple, tous prennent la direction du cimetière. Six hommes portant le cercueil sur leurs épaules ouvrent le cortège. Les deux femmes Origas sont vêtues de noir, le visage couvert d'une opaque voilette. À quelques mètres de l'entrée du cimetière sont garées deux voitures, la BMW de Luc et la Mercedes de Jo. Lorsque le cortège va franchir le portail, Luc descend de voiture, aussitôt suivi des deux hommes qui étaient avec lui, puis des quatre qui attendaient dans la Mercedes. Ils sont tous vêtus de façon identique: costumes marine, chemises blanches et cravates bleu ciel.

Au pas de l'oie, ils marchent jusqu'au cercueil et prennent la relève des porteurs. Quant à Luc, son flambeau allumé à bout de bras, il se glisse entre la bière et les deux femmes. Personne n'a réagi, chacun croyant l'affaire arrangée avec elles. Seule Catherine sait qu'il s'agit d'un coup monté, mais que peut-elle y faire? Elle délaisse momentanément le bras de sa mère, presse le pas, rejoint Luc et lui jette à l'oreille qu'il est un beau salaud. Le visage imperturbable, celui-ci acquiesce de la tête.

Ceux qui ont été témoins de l'échange sont convaincus qu'elle vient de le remercier pour le décorum de la cérémonie. Les hommes de main déposent le cercueil sur les courroies tendues au-dessus de la fosse. Toujours au pas de l'oie, Luc s'approche du défunt, claque des talons à la manière militaire et ouvre le couvercle du cercueil. Comme le veut la tradition templière, c'est le signal du salut au frère défunt.

– À notre frère Julien! Que le temple unifié soit toujours avec toi, crie Luc d'une voix forte, levant très haut son flambeau.

Pendant que l'assistance reprend ses paroles, il se penche sur le corps et, de sa main libre, fait glisser la chaînette en or qui retient au cou d'Origas son médaillon de commandeur. Luc le passe à son cou. C'est lui le commandeur maintenant. Il a accompli tous ces gestes avec la rapidité et la maîtrise d'un prestidigitateur. Puis il souffle le flambeau, referme le couvercle du cercueil, fait demi-tour et quitte le cimetière, ses sbires dans sa foulée. Une opération de commandos menée tambour battant!

12

Avant de quitter le village, Luc a réussi à convaincre une vingtaine de fidèles qui avaient assisté aux funérailles de lui obéir. Parmi ceux-là, le Québécois Richard Landry, commandeur de l'Ordre en Amérique, qu'il a ramené à Plan-les-Ouates.

— Une belle prise, confie-t-il à Jo, alors que Dominique est en train de le manucurer dans son bureau.

— Est-ce qu'il a de la fortune, ton Landry?

Difficile à dire mais puisqu'il occupe un poste de conseiller au président d'Hydro-Québec... Luc n'a pas besoin d'en rajouter pour que Jo échafaude des projets d'avenir. Maintenant que Luc est le commandeur, pourquoi ne pas fusionner l'Ordre rénové du Temple et la fondation *Golden Way*? Non seulement la nouvelle organisation aurait une doctrine unifiée mais elle jouirait de nombreux avantages: image publique, privilèges fiscaux, influence occulte, ramifications dans toute l'Europe et en Amérique. Plusieurs centaines d'adeptes. Au Canada, l'Ordre n'aurait pas à dévoiler la source de ses revenus ni à payer d'impôts. C'est le traitement de faveur dont jouissent les églises.

Luc s'y entend moins que Jo dans les questions matérielles, mais les avantages qu'il énumère et son enthousiasme le réconfortent et parviennent presque à lui faire oublier sa déconfiture après le téléphone au café. (C'est tout de même gênant qu'un homme comme lui qui communique régulièrement avec l'au-delà, qui peut à vue de nez prédire le destin de telle ou telle personne, n'ait su détecter la présence de Catherine Origas derrière une mince cloison!)

— Notre destin continue de se réaliser, dit Jo en donnant congé à Dominique.

Se tournant ensuite vers Luc, il le prie de faire entrer son Québécois.

— L'heure est venue, ajoute-t-il, de rayonner sur la terre entière, comme le soleil...

Le sourire de Jo autant que ses paroles laisse présager de grandes choses. Luc presse sa main pour que continuent les heureuses vibrations qu'il perçoit aussi vivement que s'il s'agissait du sang de Jo qu'on lui transfusait.

Avant d'accompagner Landry jusqu'au bureau, Luc lui fait ses recommandations.

— Le maître est prêt à vous recevoir. Prêtez bien l'oreille. S'il vous tutoie ou s'il vous appelle par votre prénom, c'est qu'il reconnaît une vieille âme en vous...

Cette seule possibilité suffirait pour que Landry se pâme d'aise. Mais s'y ajoute la rencontre avec un homme dont on lui a parlé avec autant de respect que d'admiration. Lorsque Landry entre, le maître est debout et lui tourne le dos. Il ne se retourne même pas pour l'accueillir, se contentant d'un geste de la main pour l'inviter à s'asseoir. Il pivote ensuite sur lui-même, très lentement, afin d'observer le nouveau venu. Est-ce l'effet des lunettes que porte Jo? Landry voit des yeux démesurément agrandis qui, au lieu de le regarder, fixent un point situé à quelques centimètres au-dessus de sa tête.

– Je vois que votre troisième chakra est fermé, lance Jo gravement.

Landry ravale sa salive, inquiet. Personne ne l'a prévenu de la chose. Jo reprend avant qu'il ait le temps de demander plus de détails.

– Mais ne vous inquiétez pas. On vous enveloppera de lumière et vous serez protégé des entités négatives.

L'homme est rassuré mais pas pour longtemps.

– Vous irez bientôt vous recueillir à Jérusalem, lui dit Jo.

Sur ce, Landry tressaille et déglutit encore, profondément troublé. Comment diable a-t-il pu savoir ça?

– En effet, avoue-t-il, je dois me rendre en terre sainte pour la fête de Noël avec un groupe de la Rose-Croix.

– Vous devez être à Jérusalem sans faute le jour anniversaire de la fondation du temple, soit le 27 décembre, ordonne Jo. Faites en sorte d'y prier avec nos frères, les templiers des temps anciens.

Là-dessus, sans avoir encore regardé son visiteur dans les yeux, il vient s'asseoir, visiblement prostré tout à coup.

– Vous avez beaucoup de chance d'habiter le Québec, dit-il. C'est une terre qu'épargnera l'Apocalypse. Vous le saviez?

Landry fait signe que non et un long silence s'ensuit. Jo se lève et vient à lui, la main tendue. Le visiteur se lève aussi, la main tendue. Jo la serre et ne la lâche plus.

– Je suis très heureux de vous rencontrer de nouveau, dit-il.

– On s'est déjà vus? demande Landry naïvement.

– Il y a longtemps... En décembre 1115 à Jérusalem. Vous le ressentirez profondément quand vous serez en terre sainte. Vous verrez...

Le pauvre Landry est subjugué. Ce gourou est bien plus fort qu'il ne l'a soupçonné. Jo le regarde enfin dans les yeux.

– Les grands maîtres de l'invisible m'ont ordonné de former à travers le monde une chaîne de fraternité au service des forces positives. Vous devrez obéir au destin que dessinera pour le Québec l'Ordre du Temple Solaire, car c'est ainsi que se nommera désormais l'Ordre rénové du Temple. Je compte sur toi pour en convaincre tes frères québécois, Richard.

Landry n'a pas le temps de revenir du choc que lui cause ce premier tutoiement que le maître lui donne une chaleureuse accolade.

13

Cela fait un certain temps que Jo n'a pas rencontré ceux qu'il appelle toujours, en baissant le ton avec révérence, «les grands maîtres de l'invisible». De ces maîtres, personne ne sait rien, si ce n'est qu'ils sont au nombre de trente-trois et qu'ils se réunissent de temps à autre dans une salle souterraine du vieux quartier de Zurich. Jo n'y emmène jamais personne et seul Michel aurait eu l'insigne honneur de les rencontrer. C'est qu'on n'entre pas chez eux comme dans un moulin. On ne les dérange que si on a des nouvelles d'importance.

Jo est convaincu d'être bien accueilli, cette fois, car il emporte une bonne provision de primeurs. Marchant d'un pas assuré, seul et l'air au-dessus de ses affaires, il pousse d'un geste résolu les portes tournantes d'un immeuble situé à quelques pas de l'hôtel Sofitel. Il traverse le hall pour aller directement au bureau du concierge, à qui il fait un signe de tête en direction de l'ascenseur.

C'est tout ce qu'il faut pour déclencher un processus qui est toujours le même: le concierge décroche son combiné, compose un numéro de trois chiffres et, avec un accent allemand marqué, prévient que «Herr Jo est en bas». Quand il opine du bonnet après avoir raccroché, cela signifie que Jo peut monter au cinquième.

Là, l'ascenseur s'ouvre près d'une porte de chêne massif. Sous un œilleton, une plaque de laiton encastrée dans le chêne annonce le Groupe Starlite. Jo presse le bouton de la sonnette. Après quelques instants tout au plus, le bruit d'une serrure qu'on déverrouille se fait entendre, et la porte glisse sur ses gonds. Jo est accueilli par une femme d'âge mûr dont l'accoutrement, toujours le même aussi, conviendrait mieux à la portière d'un couvent.

Dans la salle de conférence l'attendent deux hommes qui ont l'air de venir de planètes différentes. Le plus âgé, Carlo, a l'élégance des hommes d'affaires romains qui déjeunent aux terrasses de la piazza del Popolo à midi. Impeccable costume trois pièces à fines rayures gris perle, lunettes à monture d'or chevauchant un nez aquilin, teint rosé, abondante chevelure poivre et sel. À côté de lui, celui qu'on appelle toujours «maître Wasser» a l'air d'un misérable clerc avec son costume *charcoal* mal pressé, sa tête de calviniste et ses yeux cernés de raton-laveur.

– *Come sta, fratello mio?*

Carlo accueille Jo d'une chaleureuse accolade et maître Wasser d'une sèche poignée de main. Le rituel coutumier. Une fois assis, seul de son côté de la table et faisant face à ses hôtes, Jo parle affaires. Les grandes lignes seulement, pas de détails inutiles. Carlo n'apprécie pas le bavardage.

Jo fait un compte rendu laconique des derniers événements: la *Golden Way* a changé son nom pour l'Ordre du Temple Solaire, le groupe connaîtra bientôt un essor considérable, Michel reste président mais Jo change de bras droit. Carlo fronce les sourcils. Non seulement Jo a racheté – c'est le terme qu'il emploie – la liste des membres de l'Ordre rénové du Temple, mais il s'est adjoint un homme remarquable, un docteur en médecine qui multiplie les guérisons, un grand improvisateur doté d'une pensée intellectuelle attractive et d'une doctrine incomparable.

— C'est Calvin lui-même que vous avez ressuscité! laisse tomber maître Wasser, sourire en coin.

Ni Jo ni Carlo ne connaissent assez le grand réformateur genevois pour apprécier l'ironie subtile de maître Wasser. Ce sont plutôt les projets d'expansion de l'Ordre qui intéressent Carlo, et plus particulièrement le cas de Michel.

— Tu lui laisses le titre de président, mais?...

Il le fixe comme s'il essayait de deviner ce que Jo entend faire. Son regard pèse lourd en faveur de l'homme que Jo veut écarter en douce et ce dernier le voit bien. Après un moment d'hésitation, il décide de défendre son choix.

— C'est que Jouret est plus disponible, dit-il. Il a plus de charisme et puis lui, il n'hésitera pas à se montrer, à militer en faveur de l'organisation. Michel ne veut pas assumer son rôle publiquement de crainte que ça nuise à sa carrière musicale...

Jo espérait bien que ces arguments suffiraient. Carlo plisse les lèvres. Il hésite. Loin de le rassurer, ce discours improvisé lui cause du souci.

— Tu sais quelle importance j'attache à la discrétion. *Attenzione, Jo, l'omertà, l'omertà... molto importante!*

Voilà Jo obligé d'entrer dans des détails plus personnels, d'expliquer que Luc et lui sont devenus en peu de temps comme les deux doigts de la main, qu'ils savent très bien la nécessité d'être discrets puisque la doctrine même des rose-croix est fondée sur le secret le plus absolu.

— Les gouvernements, dit Jo fièrement, s'opposeraient à ce qu'on dirige ouvertement les destinées terrestres, on ne peut donc agir que par le moyen du secret. Nous avons l'habitude...

Carlo et Wasser échangent un regard. De toute évidence, ils se moquent de la politique, des gouvernements et des croyances religieuses de Jo et de ses adeptes. Ce qui les préoccupe avant tout, c'est l'anonymat. Ce qu'ils veulent, c'est une organisation capable de leur servir de paravent et ils sont prêts à y mettre le prix, à condition qu'il soit raisonnable. Jusqu'à ce jour, la *Golden Way* les a bien servis et à bon compte. Les explications de Jo semblent les satisfaire pour le moment et Carlo lui renouvelle sa confiance. Mais en entendant le nom de Jouret, tout à l'heure, maître Wasser a tiqué.

– Vous savez, dit-il à Jo, que votre génie, le docteur Jouret, peut compter sur un ami considérable.

– Oui, moi! réplique Jo du tac au tac.

Calviniste jusqu'au bout des ongles, maître Wasser déteste le temps que l'humour fait perdre. Histoire de faire la leçon à Jo, c'est à Carlo qu'il fait remarquer que Jouret a un ami fortuné chargé de la distribution des montres Piaget à l'étranger. Cet homme a un bureau à Monaco, des appartements au Panama, en France, en Australie...

– Un célibataire dans la soixantaine, ajoute-t-il avec un rictus dédaigneux qui laisse percer un sous-entendu.

Jo sourcille. Pourquoi Luc ne lui a-t-il pas parlé de cet ami? Est-ce parce qu'il existe entre eux une relation qui dépasse la simple amitié? Mais Carlo se fiche bien de l'allusion malveillante de maître Wasser, quelque chose d'autre l'intéresse.

– Ton organisation, dit-il à Jo, nous serait beaucoup plus utile si elle avait des succursales dans des pays comme ceux-là. Le Panama, l'Australie... *Interessante!*

– L'Amérique pourrait servir aussi, ajoute maître Wasser, pratique.

Carlo opine et Jo pense à cent à l'heure. Il aime bien plaire à Carlo, devancer ses intentions quand il le peut.

– Justement, Luc Jouret a convaincu un notable québécois de faire partie de notre groupe. Il était à la tête de l'Ordre rénové du Temple, là-bas.

– *Molto interessante...*

Même si ce qu'il vient d'apprendre au sujet de Luc le préoccupe beaucoup, Jo est heureux d'avoir marqué un point en faveur de son bras droit. Carlo réitère que l'organisation de Jo leur servira davantage une fois implantée dans d'autres pays, car il pourrait devenir gênant qu'elle soit confinée à la grande région de Genève.

– C'est minuscule, Genève, dit Carlo, et j'ai peur que nous ne puissions pas toujours rester invisibles comme nous le souhaitons. Plus ils seront nombreux les services que tu nous rendras, plus il y aura de billets pour toi.

Quand on parle de billets, Jo a toujours un large sourire. La porte s'ouvre et la secrétaire qui l'a accueilli tout à l'heure vient dire quelques mots à l'oreille de Carlo. Il doit prendre l'avion pour Milan et il a tout juste le temps de se rendre à l'aéroport.

– Maître Wasser a une mallette à te remettre, dit-il en se levant pour partir. *Ciao, Jo!*

Il lui donne une accolade qui tient davantage de la prise de l'ours. Les côtes de Jo en craquent. Dès qu'il est sorti, maître Wasser prend une mallette sous la table et la fait glisser vers Jo.

– L'argent et le détail des transactions à effectuer sont là-dedans. S'il y a quelque chose que vous ne comprenez pas, venez me voir. Mais rappelez-vous: pas de téléphone, pas de courrier. L'*omertà*...

Voilà ce qui énerve Jo chez ce protestant. Il radote. Toujours les mêmes consignes et ces consignes, Jo les connaît par cœur. Pourquoi maître Wasser s'obstine-t-il à le traiter comme un novice, alors que le Grand Prieuré d'Italie lui a déjà fait assez confiance pour lui demander de veiller sur le grand maître de la Loge P2 pendant son séjour en Suisse? N'est-ce pas là une référence massue? Mais à quoi bon? Jo a mieux à faire que de rester là à discuter avec ce calviniste austère et radin. Lui aussi doit partir: il a rendez-vous avec une Allemande... Et puis, chez les grands maîtres de l'invisible, on n'a pas intérêt à s'incruster!

Quelques heures plus tard, Jo sort d'un grand garage du centre de Genève au volant de son Allemande: une Mercedes 500SE flambant neuve. Au lieu de prendre la direction de Plan-les-Ouates, il emprunte la nationale 205 vers Annemasse. Et ce n'est pas pour étrenner sa voiture neuve.

Assis dans le cabinet de Luc, Jo lui fait part de sa mauvaise humeur. Vont-ils commencer à se faire des cachotteries? N'ont-ils pas promis de tout se dire? Quelle place cet ami dont les maîtres de l'invisible lui ont parlé occupe-t-il dans sa vie? En écoutant cette litanie de reproches, Luc éprouve une vive satisfaction. N'est-ce pas une preuve éclatante que Jo tient à lui? Assez pour se montrer jaloux et soucieux du rang que ses amis tiennent dans son affection.

Luc le rassure sur-le-champ. Camille n'est pas un ami intime. C'est un bienfaiteur insigne, comme ce Giacobino qui paie pour la transformation du corps de ferme. Ni plus ni moins. Camille l'aide à boucler ses fins de mois parce que Luc l'a guéri d'un cancer, il y a quelques années. Sans son intervention, Dieu sait comment la maladie aurait évolué. Il ne serait plus de ce monde, sans doute.

— Les maîtres de l'invisible, reprend Jo, m'ont appris que ton... bienfaiteur insigne a de la fortune et qu'il pourrait nous aider grandement à répandre notre doctrine.

Luc ignore tout de la situation financière de Camille. Jo sourit. Ce détachement de Luc vis-à-vis des choses matérielles est pour lui une source constante d'émerveillement. Comme si on pouvait ne pas aimer l'argent! Il n'en revient pas! Sans même qu'il le lui demande, Luc appelle aussitôt ce Camille à qui il fixe rendez-vous le soir même au restaurant Neptune de l'Hôtel du Rhône.

Après dîner, les trois hommes marchent bras dessus, bras dessous sur le quai Turrettini. Ils digèrent en faisant des projets d'avenir l'excellent repas qu'ils viennent de prendre, aux frais de

Camille, évidemment. Ce dernier boit les paroles de Luc comme du petit-lait. Jouret n'aurait qu'un mot à dire pour avoir le Neuchâtelois à ses pieds, mais il l'invite plutôt à se mettre au service de Jo. Pendant que le valet de l'hôtel ramène la 500SE du parking, Camille jure fidélité à Jo. Celui-ci n'est pas dupe. Ce serment, il le doit à l'attrait qu'exerce Luc sur Camille, mais pourquoi en prendrait-il ombrage? C'est dans sa cagnotte que finira par tomber tout l'argent. En revenant à Plan-les-Ouates, déçu que Luc ne lui ait encore rien dit sur sa voiture neuve, Jo lui demande s'il l'a au moins remarquée.

— J'espère, répond Luc, que l'argent de Camille ne sera pas dépensé pour des futilités semblables.

Jo fronce les sourcils et fait une moue d'enfant frustré. Il ne peut s'empêcher de rouler carrosse et pas n'importe lequel. Tout gourou qu'on soit, on a ses petites faiblesses!

14

Comme l'avait promis Jo aux maîtres de l'invisible, l'Ordre s'agrandit. Ce week-end, la maison templière de Plan-les-Ouates est remplie de fidèles. Quatre personnes, dont deux qui viennent du Québec, deviendront «chevaliers de l'Alliance»: Carole, de Montréal; Roger, de Québec; Camille, l'ami de Luc; et la femme de Michel, Christine. La cérémonie de la nuit prochaine – nuit de pleine lune – sera donc spectaculaire. C'est la première fois qu'autant de personnes seront adoubées en même temps. Les préparatifs vont bon train et Jo a passé les derniers jours en compagnie de Toni afin d'en régler les moindres détails.

Toni n'est pas loquace mais rien ne lui échappe. Sa minutie et sa discrétion exemplaire lui ont depuis longtemps gagné l'estime de Jo qui l'associe à tous les événements. Nikki et Jocelyne partagent avec lui la lourde responsabilité de matérialiser les visions de Jo. Celui-ci est le seul à avoir le privilège de rencontrer les maîtres de l'invisible – même Luc ne l'a pas –, quoiqu'ils aient tous deux un dialogue régulier avec les entités qui les renseignent sur leurs désirs et leurs volontés. C'est par une vision, par exemple, que Jo et Luc ont appris qu'il fallait convoquer au moment de la pleine lune cette espèce de conclave. Une légion d'anges orants disposés en cercle autour d'une fontaine de lumière leur est apparue en songe. Une épaisse fumée blanche s'est tout à coup mêlée à la lumière et deux rayons fulgurants les ont aveuglés. Yeux de feu et ailes déployées, le Baphomet est venu prendre la place de la fontaine lumineuse. C'était la première fois que cette divinité qu'imploraient les templiers des temps anciens leur apparaissait et encore maintenant, à l'idée d'en parler, Jo est tout remué. Le Baphomet exige que la petite communauté accélère son action pour faire connaître la doctrine rosicrucienne.

Toni a fabriqué les ailes du Baphomet en balsa. Nikki les a recouvertes de soie et les a peintes de couleurs vives. Ces ailes seront rattachées à un corset de maintien orthopédique qu'enfilera Jocelyne le moment venu. Toute l'opération s'est effectuée dans le plus grand secret, comme le réglage des effets sonores et de la musique que Toni exécute suivant les plans de Jo.

Cette fois-ci, ils ont réussi un savant montage de diverses pièces de Wagner, passant habilement d'un air à un autre, d'une phrase de Siegfried à telle autre tirée de *L'or du Rhin* ou de la *Walkyrie*. Même Michel, dont la réputation de musicien ne cesse de grandir, est toujours étonné par les connaissances de Jo sur l'œuvre de Wagner. Les programmes musicaux qu'il compose «parlent» littéralement aux fidèles. Ils dénoncent les moteurs du désir, préparent l'avènement de l'ordre nouveau ou annoncent la fin prochaine des tyrans et de la toute-puissance des forces du mal.

Cette musique si bien choisie fait trembler les murs du sanctuaire quand les membres du cercle des élus qu'on appelle les «capes dorées» ou les «frères des temps anciens» y pénètrent deux par deux. Une trentaine de personnes, avec Hélène et Richard en tête, marchent cérémonieusement jusqu'au petit autel où, sur un coussin blanc, repose la traditionnelle rose rouge, un des insignes de l'Ordre. Ils font la révérence puis se séparent, les hommes d'un côté et les femmes de l'autre. Précédé de Michel, Luc, porteur du flambeau, est le dernier à pénétrer dans le sanctuaire. Les spots diminuent d'intensité et les flammes des bougies et du flambeau se mettent à danser sur les draperies dont les murs sont parés.

Vêtu de sa cape rouge et or, Jo apparaît dans un rayon de lumière, l'épée de Cagliostro à la main. La musique baisse et il trace avec son épée un cercle au-dessus de l'assemblée.

— En vertu des pouvoirs dont je suis investi, dit-il avec gravité, et par Moïse et Hugues de Payns qui m'habitent, j'appelle l'ange de l'heure et du jour et je l'implore de nous mettre sous sa protection. Je demande maintenant aux futurs chevaliers d'entrer dans le sanctuaire.

En costumes civils, ils entrent à pas lents et recueillis. Dominique, qui les accompagne, leur fait signe de s'arrêter à trois pas de Jo et de Luc. Celui-ci s'adresse d'abord aux futurs initiés:

— Vous ferez bientôt partie d'une élite spirituelle et à ce noble titre vous participerez à des travaux qui perpétueront la conscience UNE et la VIE dans le temps et l'espace. Votre concours sera également requis pour l'édification de centres de survie. La Synarchie du Temple qui est seule compétente pour nommer les responsables et les dirigeants de notre ordre s'attend à ce que vous gardiez le secret le plus total sur tout ce qui s'y passe comme sur l'identité même de ses membres.

Il lève son flambeau en direction des futurs chevaliers qui inclinent la tête en signe d'adhésion. Roger, un homme de Québec pour lequel Jo a un dessein très particulier, est le premier à venir s'agenouiller. Tout en répétant avec lui une phrase rituelle, il lui impose son épée.

— En mon âme et conscience, libre de toute contrainte ou pression de quelque nature que ce soit, sans restriction ni préjugé, moi, Roger, ayant étudié et approfondi au cours des ateliers l'éthique de notre ordre vénéré, je me déclare en plein accord avec son esprit et ses lois et m'engage sur l'honneur à développer et pratiquer les vertus qui feront de moi un noble chevalier.

L'engagement de Roger et de Camille étant terminé, on remet à chacun une talare blanche qu'ils endossent avec émotion. C'est maintenant au tour de Christine et de Carole. L'adoubement des femmes est similaire avec cette seule différence qu'elles doivent se débarrasser de leurs vêtements de ville avant d'endosser l'aube blanche qui est la marque de leur nouveau titre.

Christine est la première à s'exécuter. Tout se passe bien mais avant de revêtir l'aube, elle adresse à son ex-mari, Michel, un petit sourire qui lui vaut une moue réprobatrice de la part de Jo. En ce saint lieu, il n'y a ni parent ni mari. Carole se défait à son tour de sa robe. En toute simplicité. Mais elle ne l'a pas plus tôt laissée tomber à ses pieds que l'épée de Jo lance un éclair qui fait reculer l'assemblée. Un coup de tonnerre retentit qui déclenche des accords de musique tonitruants. Une espèce de fenêtre se dessine alors sur le mur et s'allume. Devant les fidèles ébahis, apparaît le Baphomet dont les ailes terribles battent l'air comme celles d'un oiseau en colère. La voix de Jo se fait entendre, doublée d'un écho qui semble rouler à l'infini comme s'il criait dans un cirque des Alpes.

– Carole, Carole, il ne fallait pas porter de noir. C'est affreusement négatif.

La pauvre Carole voudrait se voir six pieds sous terre. Son soutien-gorge et son slip sont noirs.

– Il faut les enlever sur-le-champ, ordonne Luc.

Pendant qu'elle se dévêt, tous baissent modestement les yeux, sauf Luc et Jo qui ne peuvent détacher leur regard de son corps nu. Quand tombe son slip, le Baphomet disparaît comme par magie, la musique s'adoucit et le sanctuaire retrouve une paix religieuse. Carole endosse l'aube qu'on lui tend et Luc reprend la parole.

– Que ton vêtement soit toujours blanc et, s'il fait nuit, allume beaucoup de lumières jusqu'à ce que tout resplendisse...

Jo pose la pointe de son épée sur le front de Carole.

– La bienveillance du Baphomet s'étant manifestée, les forces maléfiques ont été occultées et tu comptes maintenant parmi les initiés de l'ordre. Que les frères des temps anciens te protègent.

Carole baisse les yeux avec reconnaissance, puis des sons stupéfiants surgissent d'on ne sait où. On dirait le bourdonnement d'un essaim d'abeilles mêlé à de gémissants accords wagnériens. La figure du Baphomet s'illumine un instant comme si elle voulait marquer son approbation, puis elle disparaît. La musique cesse, les spots se rallument, on souffle les bougies et, à l'invitation de Jo, les fidèles sortent du sanctuaire. Quand Luc, Michel et Jo entrent dans le vestiaire qui fait office de «sacristie» et où tous se déshabillent pour remettre leurs vêtements profanes, Luc et Jo s'approchent de Carole.

– Je t'ai observée tout au long de l'adoubement, dit Luc que tous écoutent avec attention, et tu as semblé voir des choses étonnantes. Est-ce que tu peux nous en parler?

Carole hésite. Tous les yeux sont braqués sur elle. Assise à ses côtés, Hélène l'incite à se confier.

– Parle, ne crains rien, dit-elle. Nous sommes tous tenus au secret le plus strict.

La voix brisée par l'émotion, traversée par le doute, Carole raconte qu'elle a aperçu de longs candélabres avec des bougies dont la flamme s'élevait si haut qu'elle ne pouvait en apercevoir l'extrémité. Tous les autres sont maintenant suspendus à ses lèvres.

– Et j'ai vu du sang, beaucoup de sang qui ruisselait sur la lance d'un soldat...

Voilà qui est tout à fait singulier. Luc se tourne vers Jo, lui qui sait si bien expliquer songes et visions. Celui-ci pose deux mains paternelles sur les épaules de Carole.

– Je sais maintenant qui tu es, dit-il en fixant comme toujours un point situé à quelques centimètres au-dessus de sa tête. Chère Carole, tu fus la jeune fille qui apporta le saint Graal dans la salle du Roi Pêcheur et c'est grâce à toi s'il est arrivé jusqu'à Perceval! Les maîtres de l'invisible m'avaient prévenu que nous adouberions une vieille âme mais j'ignorais qu'elle aurait cette qualité...

Pour qu'on sache bien l'admiration qu'il éprouve pour elle, Jo l'enlace, la serre contre sa poitrine et lui donne un long mais chaste baiser sur les lèvres. Il s'éloigne et lui fait la révérence. Carole est confondue. Jo se tourne vers Hélène et la remercie publiquement d'avoir su attirer au sein de l'Ordre une si belle âme.

– Tu nous en emmèneras d'autres, les maîtres me l'ont dit.

Hélène se demande qui d'autre que Carole pourrait dans son entourage partager leurs secrets.

15

Il y a quelques semaines, Jo a fait monter un récamier dans son bureau et Toni y a installé une nouvelle chaîne hi-fi munie de quatre enceintes acoustiques. D'après une sélection du gourou, il a préparé diverses cassettes des musiques de Wagner. C'est au son de l'une d'elles que Carole vient de se déshabiller. Jo l'a suppliée de le faire pour s'assurer qu'il ne lui restait pas de vibrations négatives par suite de sa vilaine habitude de porter des sous-vêtements noirs. Ceux dont elle vient de se départir sont d'autant plus blancs qu'ils sont neufs.

Elle les a achetés dans un grand magasin de Genève pendant qu'Hélène en profitait pour renouveler ses sous-vêtements. Elle comprend maintenant la nécessité qu'ils soient blancs. Jusqu'à ces dernières années, d'instinct, tout le monde achetait des sous-vêtements blancs. Dès lors, on pouvait sans risque les faire tremper dans l'eau de Javel pour les débarrasser de toutes leurs impuretés, y compris – ce qu'ignore le commun des mortels – ces vibrations négatives qui collent aux sous-vêtements, semblables à ces vilains cernes gras qui tachent nos baignoires. Un autre coup sournois des forces du mal, se dit Hélène. Elle et Carole ont détruit tous leurs vieux dessous. Par le feu, il va sans dire.

Jo s'assoit sur un tabouret et glisse lentement sa main droite sur le corps nu de Carole, effleurant à peine la peau. Chaque fois qu'il passe au-dessus de son sexe, elle frissonne. Il appuie alors sa main sur le pubis comme pour la calmer.

– Tu dois m'aider à secouer la tyrannie des démons, la supplie Jo. Elle m'empêche de communiquer avec les seigneurs du cosmos et il en va de notre bien-être à tous que tu contribues à m'en libérer.

– Qu'est-ce que je dois faire? demande-t-elle au moment où il glisse son doigt entre ses grandes lèvres.

Elle tressaille. Il explique que l'acte sexuel nous affranchit des dettes contractées avec l'univers et avec notre propre corps.

– C'est en faisant l'amour et en perpétrant toutes sortes d'ignominies que l'âme peut se délier de ses passions et retrouver sa pureté originelle. Est-ce que tu comprends ce que je veux dire?

Elle voudrait parler, dire qu'elle comprend, mais les mots n'arrivent plus à s'échapper de sa gorge. Jo détache sa braguette et son membre se détend comme le polichinelle d'une boîte à surprise, sa tête rose et poisseuse. Il guide Carole jusqu'à ce qu'elle se retrouve à califourchon au-dessus de lui, puis il la pénètre sans ménagement en lui ordonnant d'y aller d'un va-et-vient régulier. Chaque fois que son bassin s'abaisse, elle sent le doigt de Jo qui pénètre un peu plus dans ses fesses. Elle fige tout net quand on frappe à la porte du bureau.

– Continue, il ne faut pas arrêter, lui ordonne Jo, haletant.

Carole a juste le temps d'apercevoir Luc qui vient d'entrouvir la porte et qui la referme aussitôt.

– C'est Luc qui est là, dit-elle dans un souffle.

– Et puis? Il n'y a pas de place pour la jalousie dans cette maison. Nous sommes tous frères. Vite, continue.

Elle hésite. Il s'énerve et finit par attraper ce qu'il cherchait: un interrupteur fixé au bout d'un fil. Il presse le bouton et un rayon puissant traverse la pièce de bout en bout avec un son strident. Le rayon frappe en plein cœur l'insigne de l'Ordre qui s'abat sur le parquet dans un bruit métallique. Carole est stupéfiée.

– Tu vois, il faut continuer, ordonne-t-il, courroucé. Stopper un acte sexuel, c'est court-circuiter l'énergie cosmique. Tu as vu comment l'au-delà a réagi.

Assistée de Jo qui l'aide du mieux qu'il peut, Carole reprend son mouvement. Jo, titillé par la présence de Luc qu'il devine derrière la porte, n'est pas long à éjaculer. Les mouvements rythmés de Carole lui deviennent alors insupportables. Il la freine d'un coup de rein et la repousse violemment sur le récamier, la laissant pantelante et insatisfaite. Jo lui fait signe de se rhabiller, ce qu'elle fait pendant qu'il raccroche au mur l'insigne de l'Ordre et replace ses vêtements. Il s'assoit ensuite à son pupitre, les yeux mi-clos, les mains croisées sur son ventre en signe de profonde méditation.

S'il la voit quitter la pièce, il ne le montre pas. Dans le couloir, Carole croise Luc, qui attendait la fin du rite sexuel, et lui sourit, mal à l'aise. Mais il reste de glace. Il entre dans le bureau de Jo qui est toujours en méditation.

Comment se fait-il que Jo, qui a l'habitude de deviner ses sentiments les plus intimes, n'ait pas vu l'attirance qu'il éprouve pour Carole? À moins qu'il ait voulu le tester?

– Nous avons beaucoup parlé de toi, Carole et moi, lui dit Jo calmement. Tu pourrais l'aider...

Luc paraît rasséréné. Cependant, Jo sent tout de même le besoin de lui montrer à quel point il est soucieux de la vie affective de son monde. Il lui explique que trop de couples qui ne fonctionnent plus émettent des ondes négatives, menaçant ainsi la communication avec les entités. Il doit corriger la situation en créant de nouveaux couples.

Par exemple, son chauffeur, Jerry, dont l'enthousiasme paraît se refroidir vis-à-vis de l'Ordre, formera un couple cosmique avec Colette, une adepte zélée de la toute première heure. Comme elle a vingt-cinq ans de plus que Jerry, elle pourra exercer sur lui une influence bénéfique. Quant à Thierry, son jardinier et homme à tout faire, il a une femme remarquable, Jacqueline, à qui Jo voudrait confier une mission très délicate. Pour la remplacer auprès de Thierry, il a pensé à Odile qui veille aux choses comptables depuis les premiers jours à Collonges.

— J'aimerais la dépêcher au Canada avec Thierry, ajoute Jo.

— Pour quoi faire?

Comme le Québec sera épargné par l'Apocalypse, explique Jo, les maîtres de l'invisible souhaitent qu'on y ouvre des centres de survie.

— Mais Thierry n'a pas l'étoffe pour lancer une pareille entreprise! s'exclame Luc.

— Voilà pourquoi je vais lui adjoindre Odile.

Luc ne peut s'empêcher d'apprécier la sagesse de Jo, mais a-t-il pensé à Frédéric et à Pascal, les deux enfants de Thierry et de Jacqueline, qui n'ont pas dix ans? Pourront-ils se passer de leurs parents? Jo a le sourire malin de l'homme qui a tout prévu.

— Je vais demander à ta femme d'en prendre charge, dit-il.

Luc est ravi. Marie-Christine s'ennuie de plus en plus et lui fait la gueule parce que Françoise, sa maîtresse du moment, est enceinte. Grâce à Jocelyne et à Odile, qui ne cessent d'épier tout le monde, Jo sait qu'elle souhaiterait que Françoise quitte la maison, mais il n'a pas l'intention de lui demander de le faire. Il aime beaucoup la façon dont Françoise se comporte avec Luc. Elle est assez amoureuse de lui pour comprendre que celui-ci ne pourra jamais lui appartenir. Et comme elle est pianiste, sa connaissance de la musique est très utile à Jo. Il a beau être un mélomane averti, il a tendance à se cantonner dans Wagner et Françoise lui ouvre d'autres horizons.

Un seul point demeure obscur, songe Luc.

— Que deviendra la femme de Thierry? demande-t-il.

Jo lui fait un sourire entendu.

– Maintenant que tu as appris à mon fils Élie comment il peut transmettre son énergie à l'univers, j'aimerais bien qu'il puisse le faire par le biais de cette femme. Si les choses vont bien entre eux, nous les marierons.

– Mais Élie n'a pas encore seize ans, dit Luc, et Jacqueline a l'âge d'être sa mère. Je pourrais continuer son initiation encore un certain temps...

– Jacqueline est une vieille âme, répond Jo, et elle saura lui communiquer sa sagesse. Un jour, quelqu'un devra bien prendre ma place. J'aurais aimé que ce soit mon aîné, Christophe, mais il n'a pas toute sa tête. Et je sais que je ne pourrai jamais compter sur ma fille Virginie. Il faut bien que je prépare Élie.

Comment Jo peut-il faire des projets à si long terme? Il sait pourtant que le siècle ne passera pas sans qu'ils soient appelés à rejoindre leurs frères des temps anciens. Luc hoche la tête tristement. Ces propos le déçoivent. Pauvre Jo qui a tellement de mal à rompre ses liens terrestres et qui continue d'être animé d'un sens de la postérité incompatible avec leur brève mission sur terre, mission bien définie dans le temps et l'espace et qui prendra fin au moment du transit vers Sirius. Luc serait-il donc le seul à appeler de ses vœux un transit qui ne saurait tarder? Sa tristesse n'échappe pas à Jo qui allonge le bras pour prendre sa main dans la sienne.

– Merci, dit Jo, pour tout ce que tu as fait pour Élie, mais il a besoin d'une femme maintenant. Et il te reste tellement de travail à faire sur moi, ajoute-t-il avec un sourire qui le montre si vulnérable que Luc en perd ses moyens. J'oublie trop souvent que nous ne pourrons participer très longtemps encore aux systèmes mis en place par cette humanité décadente...

Cet homme inspiré trouve toujours les mots qu'il faut au moment où Luc perd confiance ou quand il a l'impression que leurs destins vont bifurquer.

16

Carole et Hélène sont assises côte à côte dans l'avion qui les ramène au Québec. Carole aimerait s'assoupir et laisser sa compagne à ses lectures ou à ses pensées, mais elle n'y arrive pas. Dès qu'elle ferme les yeux, l'image du Baphomet en colère ressurgit comme si elle n'était pas encore débarrassée des vibrations maléfiques qui ont failli interrompre son adoubement.

— Pourquoi, demande Hélène, n'en as-tu pas parlé à Jo avant de partir?

— Je l'ai vu, répond-elle.

— Et puis?

Même si elles se connaissent depuis plusieurs années, qu'elles ont étudié ensemble et se considèrent comme de bonnes copines, Hélène et Carole n'ont guère l'habitude des confidences. À bien y penser, ce qu'elles savent l'une de l'autre après tout ce temps tient à peu de chose. Carole est l'aînée de six enfants et il a dû se passer quelque chose entre elle et son père car quand elle parle de lui, c'est toujours en baissant les yeux. Carole n'est pas près d'avouer que ce n'est pas le Baphomet qui la hante mais le visage dur de Jo lui ordonnant de continuer après l'interruption de Luc.

Hélène insiste pour savoir comment s'est déroulée la rencontre avec Jo. Ce n'est pas qu'elle soit jalouse, ça, non, elle ne l'envie pas. Mais que Jo ait découvert à Carole une identité cosmique aussi rapidement la tourmente.

C'est grâce à Hélène que Carole a pu accéder aux secrets de l'Ordre. Sans elle, la nouvelle adepte serait restée la journaliste sceptique venue la voir un jour à la Librairie du Soleil pour rédiger une série d'articles malveillants sur l'ésotérisme, le nouvel âge, les médecines douces, etc. Le hasard a voulu qu'Hélène, inspirée, lui fasse cadeau d'un coffret des cassettes de Luc, investissement qui s'est avéré très rentable puisque la journaliste s'est abstenue d'être critique. Ses articles élogieux ont même provoqué une mise au point de la part du Collège des médecins et une autre de l'Archevêché. Maintenant qu'elle fait partie des chevaliers de l'alliance, c'est comme si l'Ordre du Temple Solaire avait introduit le cheval de Troie au cœur même du plus grand quotidien français d'Amérique.

– Raconte-moi, de grâce! Comment ça s'est passé avec Jo? redemande Hélène.

– Il m'a imposé les mains, se contente de répondre Carole.

C'est plus qu'il n'en faut pour piquer la curiosité d'Hélène.

– Est-ce que tu étais nue?

Carole rougit. À voix basse, à l'abri des oreilles indiscrètes, Hélène raconte comment Luc lui a déjà enseigné à faire l'amour uniquement lorsqu'on est en position favorable par rapport aux planètes.

– Ces deux hommes-là, ils ne font pas l'amour comme les autres, ajoute-t-elle.

Carole ne comprend pas ce qu'elle veut dire.

– Mais oui, reprend Hélène, pense aux grands saints. Est-ce que tu crois que saint Louis faisait l'amour comme nous avec sa femme? Élizabeth de Hongrie avec Louis IV? Isabelle d'Aragon, Louise de Marillac?

Hélène y croit-elle vraiment ou est-ce un moyen de délier la langue de Carole? De toute manière, elle ne va pas lâcher prise avant d'en savoir plus long.

— N'empêche que ces gens ne faisaient jamais l'amour sans une intention précise, poursuit-elle. Ils participaient à quelque chose de beaucoup plus grand, quelque chose qui les dépassait. Luc et Jo, c'est pareil. S'ils font l'amour, c'est parce que c'est nécessaire au bon fonctionnement de l'univers ou indispensable à notre épanouissement personnel.

Carole acquiesce et ferme les yeux en prétextant qu'elle a sommeil. Avant d'entrer dans l'Ordre, elle n'avait jamais imaginé que l'amour physique fût autre chose qu'un défoulement ou la recherche d'une jouissance fugace, mais Hélène a raison. De la même façon que les esprits supérieurs peuvent communiquer avec l'au-delà, découvrir les lois qui régissent l'univers, écrire des poèmes qui traversent les siècles, prédire l'avenir comme Nostradamus ou, plus près de nous, la Bulgare Vanga, pourquoi Jo et Luc qui sont aussi des êtres d'élite ne pourraient-ils pas transcender l'acte sexuel? C'est tout de même dommage, pense-t-elle, que les entités lui aient assigné Jo. Elle qui se mourait d'envie d'être le médium par lequel Luc transfuserait son énergie à l'univers.

17

Dans les semaines qui vont suivre, allant de l'un à l'autre, invoquant la volonté des maîtres de l'invisible ou des entités, c'est selon, rappelant à chacun ses devoirs d'obéissance et de renoncement, Jo va réussir à convaincre ses disciples de former de nouveaux couples – preuve éclatante de la persuasion dont il est capable.

En août, en compagnie de leur famille templière, les futurs mariés cosmiques se transportent en pleine nuit dans le canton de Vaud, sur un plateau étroit dominé par les glaciers des Diablerets. Ils y arrivent à l'heure où le soleil va percer entre deux hauts forts. Il n'y a donc plus une minute à perdre et tous font cercle autour de Jo et de Luc.

Odile et Thierry sont main dans la main, comme Jerry et Colette. Quand les rayons du soleil commencent à lécher les glaciers qui étincellent comme des pierres précieuses, Luc lève les bras en croix et clame d'une voix forte en direction de l'est:

– Tout se transforme et se renouvelle dans un continuum espace-temps, la vie des êtres comme la vie des couples...

– La vie des êtres comme la vie des couples, reprend tout le monde en chœur.

C'est Jo qui poursuit:

— Nous, serviteurs de la Rose-Croix, nous allons être les témoins de deux nouvelles unions cosmiques. Dès que poindra le soleil en son entier, vous serez assignés l'un à l'autre jusqu'à ce que les entités en décident autrement. Répondez: «J'accepte!»

Les quatre mariés cosmiques prononcent après lui le mot qui va souder leur vie. Les deux femmes assez fort pour que l'écho le répercute, les deux hommes du bout des lèvres. Thierry parce qu'il abandonne la mort dans l'âme sa femme et ses deux fils; Jerry, parce que l'épouse que lui donne l'au-delà pourrait être sa mère.

Ce soir-là, pendant qu'on célèbre les noces au Grand Hôtel des Diablerets, Luc entraîne Jo à l'extérieur. Le petit discours qu'il a prononcé avant le dessert l'a laissé perplexe. Même si Jo l'avait prévenu que l'Ordre allait s'étendre, il a eu l'impression en l'écoutant parler qu'il passerait désormais beaucoup de son temps au Québec.

— Tu n'imagines pas, lui demande Jo, que je pourrais me passer de toi? Il n'en est pas du tout question. Tu traverseras l'Atlantique aussi souvent qu'il le faudra. Dominique, qui soit dit en passant deviendra bientôt canadienne, pourra aussi te seconder là-bas...

Mais comment Dominique pourrait-elle devenir canadienne? Sourire en coin, très fier du coup qu'il prépare, Jo raconte qu'il a fait un voyage outremer, le mois dernier, dans le but de convaincre Roger, le Québécois récemment adoubé chevalier de l'alliance, d'épouser Dominique en bonne et due forme. Elle pourra ainsi obtenir sa citoyenneté canadienne. Plus l'Ordre comptera de personnes jouissant d'une double nationalité, plus facile sera son internationalisation. Roger a accepté d'emblée sa proposition. Luc s'esclaffe.

— Ils sont fous, ces Québécois! dit-il à la manière d'Astérix.

Ce n'est pas si souvent que Jo et Luc s'amusent, d'autant plus que ce dernier n'a aucun sens de l'humour. Mais cette fois, rien qu'à imaginer la reine Hatshepsout forcée de partager le lit de cet homme lourdaud, qui parle français avec un accent terrible, Luc rit de bon cœur.

— Et Dominique, qu'est-ce qu'elle en dit?

— Je préfère ne pas répéter les gros mots qu'elle a prononcés lorsque je lui ai appris la «mauvaise nouvelle». Mais elle va le faire pour l'Ordre!

Tout en causant, les deux hommes se sont éloignés de l'hôtel en direction d'un belvédère d'où on devine la vallée plus qu'on ne la voit. Ils s'arrêtent soudain comme si l'influx de la puissance cosmique les avait pénétrés tous les deux au même moment. Sentinelles immobiles dont un lampadaire allonge les ombres à l'infini, ils fixent longuement le ciel au point d'en avoir le vertige. Luc lève le bras, pointe du doigt Sirius, l'étoile la plus brillante, puis une autre plus petite et moins lumineuse.

— C'est le compagnon obscur de Sirius, dit-il avec émotion. Quand on l'aperçoit, c'est le signe d'une transformation complète de la spiritualité dans le monde.

La nuit est claire et le ciel d'août présente son habituel ballet d'étoiles filantes. Chaque fois qu'une étoile se détache de la toile de fond pour sombrer vers d'insondables abysses, Luc tressaille et formule un vœu comme le lui avait appris sa mère quand il était enfant. À l'époque, il avait une multitude de souhaits à faire... À présent, il n'en a plus qu'un: franchir l'étape ultime de la croissance personnelle, se rendre sur l'autre versant de la vie afin de connaître enfin la révélation et l'immortalité.

18

Vers la fin des années quatre-vingt, Luc est déjà bien installé dans ce qu'on pourrait appeler sa «vie publique». Comme le Christ ou comme Jean-Paul II, quoiqu'il n'attire pas encore les mêmes foules, il parcourt le monde afin de répandre la foi, sa foi. Trimballant partout où il va des montagnes de livres et de cassettes, des piles de manuscrits qu'il ne cesse d'annoter, de corriger et de réécrire, il fait inlassablement la navette entre trois continents. À tel point que ses admirateurs se demandent parfois si, en plus de tous ses dons, il n'a pas celui d'ubiquité. Très souvent, il est accompagné de son bienfaiteur, Camille, qui lui paie ses voyages pour le seul plaisir de le côtoyer, qui le dorlote et se comporte avec lui, en toutes circonstances, comme un imprésario le ferait avec une grande vedette de la chanson.

Luc met sur pied une mission en Martinique où il réussit en quelques mois à recueillir plusieurs centaines de milliers de francs. Parce que Jo lui a confié que les grands maîtres de l'invisible verraient l'affaire d'un bon œil, il en ouvre une autre aux îles Canaries. Au Québec, à Sainte-Anne-de-la-Pérade, plusieurs fidèles suisses et québécois se réunissent maintenant dans une vieille maison à tourelle. Un entrepreneur de Québec, Martin Germain, aidé de sa femme Céline, l'a retapée sans un sou de salaire. Autant de zèle leur vaudra de finir leurs jours avec les «élus» à Granges-sur-Salvan.

La doctrine que Jo avait d'abord calquée essentiellement sur celle de la Rose-Croix d'or allemande a beaucoup évolué entre les mains de son thaumaturge préféré. Luc puise encore abondamment dans la Rose-Croix mais il s'abreuve à plusieurs autres sources. C'est un éclectique remarquable et ses conférences sont devenues un salmigondis, un embrouillamini auquel son éloquence naturelle et son charisme finissent par donner une apparence de sens.

À ceux qui se montrent sceptiques, il oppose une assurance dédaigneuse qui les fait taire ou qui les fait fuir. Il ne supporte pas qu'on doute de lui, encore moins qu'on critique ses théories. Ne remontent-elles pas, pour la plupart, à des siècles? Ne rendent-elles pas la quintessence des leçons qu'il a apprises en Asie? Les prières et les méditations qu'il préconise pour la santé de l'âme et du corps, les moines tibétains les enseignent depuis des temps immémoriaux. Quand il invoque Annie Besant et les réincarnations successives de Christian Rosenkreutz pour montrer que la croyance en la réincarnation apaise l'esprit et le corps, il ne fait que devancer ses contemporains, tel le psychiatre américain Brian Weiss, qui a transformé cette approche en moyen thérapeutique. La doctrine de Luc, inattaquable parce qu'insaisissable, emprunte tantôt à Carl Gustav Jung, tantôt à l'hindouisme, tantôt au bouddhisme ésotérique des Japonais. Ce qu'elle doit aux mythes égyptiens vient de Jo.

Celui-ci, tout aussi conscient d'être un être supérieur, s'inquiète davantage que Luc de sa propre destinée. Ses voyages en Égypte l'ont convaincu que la traversée dans l'au-delà est beaucoup plus simple que Luc ne l'imagine. Jo n'est pas du genre tatillon. Il n'aime pas les théories alambiquées. Il a donc repris à son compte, sans rien y changer, le mythe d'Osiris qui répondait aux inquiétudes des anciens Égyptiens. S'ils survivent dans l'au-delà, les gens du commun ne vivront pas des jours plus heureux qu'ici-bas. En d'autres mots, quand on est né pour un petit pain, c'est pour l'éternité! Les textes des pyramides sont formels là-dessus et Jo ne va pas les contester. Selon ces «écritures», le roi, ou un être d'élite comme Jo, a droit à la survie céleste. Sa naissance lui réserve un siège dans la barque solaire de Rê. Voilà qui suffit à Jo lorsqu'il se met à réfléchir, de temps à autre, sur ce qui l'attend dans l'outre-tombe. Cette foi aveugle qu'il voue à l'Égypte ancienne a en outre le mérite de justifier les nombreux pèlerinages qu'il fait au Proche-Orient, accompagné des fidèles de l'Ordre. Pour le remercier des connaissances qu'il leur dispense, ces derniers acquittent de bonne grâce ses dépenses princières. À compter de 1992, il touchera même une commission sur ces pieux voyages. Dominique ouvrira en effet à Granges-sur-Salvan une petite agence offrant des «excursions hors du temps» au Proche-Orient!

Durant ces années «apostoliques», Luc se raffermit dans les jugements qu'il porte sur la femme. Celle-ci arrache l'homme à son univers rationnel; séductrice et fautrice de désordre, elle émet des ondes négatives et aliénantes qu'on ne saurait neutraliser autrement qu'en réalisant l'androgynie «spirituelle». Passant d'une femme à l'autre – il vient d'abandonner Françoise et l'enfant qu'elle lui a donné et qu'il a appelé Bernard –, il n'en aime aucune et ne s'attache jamais. Il utilise les femmes comme Narcisse se servait de l'eau d'une fontaine: pour se contempler. Il ne les aime pas mais il en a besoin. Et c'est peut-être cela précisément, ce besoin qu'il a d'elles, encore plus que son charme et sa beauté, qui les séduit autant.

Luc est obsédé par les théories fondées sur la symbolique du cercle. Après avoir imaginé que l'homme pouvait se libérer de son karma en franchissant plusieurs cercles concentriques, il a réduit le nombre de ces cercles à trois, comme les trois niveaux de l'Ordre lui-même. Ainsi, il y a les cercles du Ciel, de la Terre et de l'Enfer qui correspondent aux trois cercles de l'être humain: l'Esprit, l'Âme et le Corps. Pour se purifier et se libérer, l'homme doit parvenir au centre de cet univers concentrique. Il se confond alors avec la Sagesse et la Lumière, ultime étape avant l'Illumination et l'Immortalité.

Ces grandes questions ésotériques et métaphysiques, Luc ne les aborde que dans le privé et avec les seuls initiés. Ses conférences portent sur des sujets plus anodins, elles constituent une sorte de cours préparatoire: politique, hygiène de vie, philosophie, morale, alimentation, vie sexuelle, etc. À la manière d'un témoin de Jéhovah, Luc essaie de convaincre ceux qui viennent l'entendre qu'ils ne pourront échapper à l'Apocalypse. À moins d'adhérer à la doctrine de l'Ordre du Temple Solaire, évidemment. Mais il est plus subtil que les témoins de Jéhovah et, surtout, beaucoup plus sélectif. Contrairement à Charles Russel et Joseph Rutherford, les fondateurs des Témoins, il ne croit pas que le nombre des survivants à l'Apocalypse atteindra les cent ou même deux cent mille. Non! Ceux qui rejoindront Sirius où ils connaîtront une vie éternelle idyllique se compteront tout au plus par centaines. Peut-être même beaucoup moins dans le cas où la Grande Loge Blanche de Sirius décréterait hâtivement le «rappel des derniers Porteurs authentiques d'une Ancestrale Sagesse».

De nature très élitiste, Luc applique auprès de ceux qui viennent l'entendre la politique des petits pas. Il n'est pas pressé de les convaincre. Il n'exerce sur eux aucune pression. Il se montre même assez distant. S'ils reviennent huit, neuf ou dix fois, qu'ils traînent encore quand la plupart ont quitté la conférence, qu'ils s'incrustent et recherchent un enseignement plus personnel, s'ils viennent le tirer par la manche comme on tirait jadis le Christ par sa tunique, alors daigne-t-il baisser les yeux et commencer à s'intéresser à eux. Ces acharnés sont des recrues possibles pour le premier des trois cercles, celui des frères du parvis.

Pendant ce temps, inutile de dire que le cabinet d'Annemasse est presque toujours désert. Ce n'est plus qu'une adresse où personne ne va, sauf ce peintre d'Annecy à qui Luc a commandé un portrait. Quand Luc l'a rencontré dans le parc public d'Annecy, parmi tous les peintres du dimanche qui se réunissent à l'extrémité du lac, attirés par la majesté du lieu, Mathieu faisait des portraits de touristes en se servant du paysage comme d'une toile de fond. Luc ne saurait dire ce qui, de l'art du peintre ou de sa beauté, l'a séduit en premier. Avec ses cheveux longs coiffés d'un tarbouche ottoman, ses grands yeux mélancoliques et son visage d'un parfait ovale, il lui fait penser à l'autoportrait de Raphaël qu'il a vu à Florence plusieurs années auparavant et pour lequel il a éprouvé une espèce de coup de foudre...

Avant de commencer le tableau, ils vont passer de longues heures à marcher le long du Thiou, dans le vieil Annecy, et sur les hauteurs du Semnoz, à la recherche du paysage idéal. À la fin, le peintre optera pour un fond abstrait, sorte de mandala presque monochrome au centre duquel se détacherait en couleurs vives la tête de Luc.

Chaque fois qu'il le peut, Luc lui téléphone et ils se donnent rendez-vous dans le cabinet d'Annemasse. Là, après avoir enfilé sa toge de cérémonie, pieds nus, tenant entre le pouce et l'index la longue tige d'une rose rouge, il pose sans bouger durant des heures. Comme il s'agit d'un tableau qui le montrera de pied en cap, que le mandala sera long à peindre, que Luc n'est disponible qu'un jour ou deux par mois, il faudra au moins une année avant que l'œuvre ne soit terminée. Mais Luc ne s'en plaint pas. Il trouve au contraire bien agréable la présence de Mathieu avec qui, plus le temps passe, plus il se découvre des airs de ressemblance. Ces longues séances durant lesquelles il doit rester immobile lui donnent la sensation d'être face à face avec son double. En dehors de l'espace et du temps, comme s'il éprouvait déjà l'illumination finale...

19

Pendant que Luc se change en commis-voyageur porteur et défenseur de la bonne nouvelle, Jo passe la majeure partie de son temps à brasser des affaires. Multipliant les achats aux quatre coins du monde, il lui arrive parfois de revendre la même maison ou le même terrain à deux ou trois reprises. Qu'il réalise un bénéfice faramineux ou une perte substantielle, rien n'affecte son humeur. Pertes ou profits, cela lui semble tout à fait égal, comme si les deux hypothèses étaient aussi opportunes l'une que l'autre.

En quelques années, il a tissé avec toutes ses transactions une toile si complexe qu'on essaie encore aujourd'hui d'en démêler l'écheveau. Le mystère est d'autant plus impénétrable que toutes sortes de sociétés ont été créées pour acheter, échanger, racheter et revendre encore les mêmes propriétés. Comme si cela ne suffisait pas, toutes ces sociétés – Samassomox Projects Ltd., Société Adriana Inc., Les Projets Madica Ltée, Clarinton Investments, la Société civile immobilière La Souste, la Société de l'Étang, la Société Akène – ont élu comme administrateurs des proches de Jo, de simples sympathisants de l'Ordre ou même de purs étrangers! Camille, le bienfaiteur de Luc, et

Albert Giacobino, qu'on a d'abord mis à contribution pour la transformation du corps de ferme à Plan-les-Ouates, sont sollicités de façon toute particulière. Quand l'un et l'autre entreprendront le voyage final vers Sirius, ils auront à titre de bienfaiteurs versé ensemble environ 14 millions de francs suisses. Plus de 10 millions de dollars U.S.!

La boulimie immobilière de Jo l'amène à multiplier les adresses où les capes dorées peuvent recevoir un accueil aussi chaleureux que si elles étaient chez elles. Dans le sud du Québec, les Laurentides deviennent un château fort de l'Ordre. Saint-Sauveur, Piedmont et Morin-Heights sont les escales les plus fréquentées avec le centre de survie de Sainte-Anne-de-la-Pérade, mais il y a aussi des pied-à-terre à Ottawa, à Toronto et, à compter de 1989, une «mission» à Perth, en Australie.

Quand les deux amis sont trop longtemps sans se voir, Jo devient inquiet. Il a beau lui faire confiance, il ne peut s'empêcher de penser que Luc a quitté Origas sur un simple coup de tête aux portes d'un cimetière du Tarn-et-Garonne. S'il fallait qu'il le quitte à son tour pour quelqu'un d'autre? Jo sait qu'il a des rivaux, des hommes dont les sociétés grandissent encore plus vite que la sienne. Gilbert Bourdin, le Christ cosmique qui s'est installé dans les Alpes de Haute-Provence avec ses Chevaliers du Lotus d'or, compte parmi ceux-là. Tout messie «cosmoplanétaire» qu'il soit, Bourdin aurait besoin d'un bras droit pour assurer la relève de son ashram. Bourdin partage avec Luc la même obsession: élever le taux vibratoire des aliments qu'ils consomment. Lui et ses fidèles y arrivent par la récitation répétée – des milliers de fois par jour – des mots sacrés *Om Ah Hum*, qui finissent par neutraliser les mauvaises vibrations des aliments.

Dans les dernières cérémonies de l'Ordre, Luc a introduit des mantras que Jo n'avait jamais entendus. D'où venaient-ils? De chez Bourdin? Il y a par ailleurs le docteur Patrick Véret qui a créé «l'énergo-chromo-kinèse» et fondé à Paris l'Ordre nouveau des Templiers opératifs. Il vient d'établir un centre d'enseignement continu à Annecy où se rend Luc de temps à autre. Se pourrait-il que Luc regarde ailleurs? Les templiers opératifs pourront un jour effectuer des vols spatiaux aux confins de notre univers, en compagnie des êtres de la sixième race. Cette nouvelle race naîtra après l'Apocalypse vibratoire et assurera enfin le triomphe de l'Esprit. Une belle perspective que ces randonnées dans l'espace pour quelqu'un qui, comme Luc, est obsédé par Sirius! Docteurs en médecine et acupuncteurs tous les deux, Véret et Luc ont presque le même âge. Ils ont aussi le même signe astrologique: Balance. Véret a de solides appuis à la faculté de médecine de Paris et Luc nourrit toujours l'ambition de faire reconnaître ses découvertes par l'Académie nationale de médecine. Pour ajouter encore à l'inconfort de Jo, dans les cercles ésotériques de Genève, on dit qu'il y a de l'eau dans le gaz entre Véret et sa compagne, Danièle Drouant. Si jamais ils se quittent, Luc deviendra un homme convoité.

Il n'y a pas que ça qui inquiète Jo. Lorsqu'il a rencontré les grands maîtres de l'invisible, la dernière fois, maître Wasser s'est montré cassant à son égard. Soit, il n'avait jamais été très chaleureux mais il était correct. Lorsqu'il devenait intraitable, Carlo le coupait d'autorité ou freinait ses ardeurs d'un geste ou d'un regard. Or, les dernières fois, pas un mot et pas un geste! D'habitude si amical, Carlo lui-même avait été plutôt froid. Soupçonneux et méfiant comme un petit maffioso, Jo se demande si les maîtres de l'invisible n'ont pas chargé Michel, son homme de confiance de la première heure, de le suivre à la trace. Comment se fait-il qu'au moment où l'Ordre s'implante solidement au Québec, Michel s'y retrouve à la tête d'un orchestre? Et maintenant qu'on est prêt à s'installer en Australie, il entend dire qu'une offre pourrait être faite à Michel dans ce pays. Voilà plusieurs coïncidences surprenantes! Pour l'instant, toutefois, la fidélité de Luc le préoccupe davantage. Il sera toujours temps d'agir s'il constate que Michel continue ses finasseries.

Quand une femme soupçonne son mari d'avoir une liaison ou une aventure, si elle en a les moyens, elle cherche souvent le réconfort dans les boutiques de haute couture et les instituts de beauté. À force de supposer que Luc va lui échapper, Jo n'est pas loin de le croire. Nerveux, incapable de chasser cette obsession, jetant un œil distrait aux boutiques et aux galeries, hésitant à la porte d'un café, il arpente la place du Bourg-de-Four, à Genève. Une plaque discrète apposée à la devanture d'un salon de massage retient son attention. Il entre en espérant qu'un massage lui fera sortir par les pores les soupçons qui le rongent au-dedans. En ce moment, il serait l'homme le plus surpris du monde si on lui disait qu'il réagit comme une femme trompée.

La gérante du salon le confie aux soins d'une jeune masseuse, une Française du département de l'Orne, arrivée depuis peu en Suisse. Jo est si soucieux qu'il ne la remarque pas tout d'abord. Ce n'est qu'une fois couché sur le dos, alors qu'elle masse son front noué et tendu, qu'il capte son regard. Ses yeux sont dissemblables: l'un est vert doré, l'autre est gris presque bleu. Cette particularité confère à son visage par ailleurs assez banal un charme inattendu. Dès qu'elle sourit, même timidement, des fossettes creusent ses joues et son masque de sévérité disparaît instantanément. Jo apprend son prénom par le carton épinglé sur son sarrau.

– Maryse, lui dit-il, ce n'est pas votre seul prénom...

Elle ne lui répond pas tout de suite. Comme si elle ne l'avait pas entendu. Au lieu de répéter la question, il la dévisage jusqu'à ce qu'elle rougisse. Pour cacher son trouble, elle baisse la tête et entreprend de lui masser les doigts de pied avec application. Il la laisse terminer et quand elle lui demande de se coucher à plat ventre, il s'assoit et prend ses mains dans les siennes. Mal à l'aise, ne sachant pas où il veut en venir, elle finit par lui avouer qu'elle s'appelle aussi Jeanne, du prénom de sa grand-mère. Cette réponse, en apparence anodine, bouleverse Jo. Il serre les mains de Maryse au point d'en faire craquer les jointures et quand elle fait mine de les retirer, comme si elle craignait d'être en présence d'un maniaque ou d'un détraqué, il s'excuse, desserre son étreinte, mais pas suffisamment pour qu'elle puisse se libérer.

– Ce n'est pas à cause de votre grand-mère que vous portez le nom de Jeanne, dit-il. Jeanne, c'est le nom de celle qui s'est réincarnée en vous.

Elle aurait planté là n'importe quel autre client qui lui aurait tenu ce langage, ou encore aurait appelé à l'aide. Mais quelque chose la retient: ce regard vissé sur elle qui semble vouloir percer ses mystères comme un projecteur ouvre une brèche dans la nuit. Tout à coup, Jo ne la regarde plus. Il a fixé son regard sur un point imaginaire au-dessus de la tête de Maryse. Tous deux restent sans bouger un long, très long moment; elle, transie de peur, et lui se triturant les méninges. Il lâche Maryse et se laisse tomber sur la table. Comment réussit-il à le faire au ralenti comme si des mains invisibles posées contre son dos lui servaient d'appui? Même un athlète aurait du mal à l'imiter. Jo rejette la tête par en arrière. Des larmes embuent ses yeux. Maryse s'énerve.

– Voulez-vous que j'appelle quelqu'un? demande-t-elle. Vous vous sentez mal?

Le regard perdu au loin, Jo fait signe que non, tend le bras et cherche la main de Maryse qu'elle finit par lui abandonner.

– Merci d'être là, dit-il en plissant le front, l'air absorbé.

Des larmes roulent sur les joues de Jo, d'autres perlent à ses paupières.

– Vous avez un enfant? demande-t-il, la voix étranglée par l'émotion.

Encore une fois, Maryse rougit et s'affole. Elle voudrait retirer sa main mais elle n'arrive plus à bouger.

– Vous avez un enfant? demande-t-il encore une fois.

Elle acquiesce d'un signe de tête mais elle sent qu'elle est sur le point de perdre le contrôle: elle ne maîtrise plus du tout la situation. D'où vient cet homme? On dirait qu'il la connaît depuis longtemps. Mieux qu'elle-même, sans doute.

– Est-ce que vous avez déjà rencontré mes parents? lui demande-t-elle.

– Non, mais je sais qui vous êtes. Jeanne de Toulouse s'est réincarnée en vous. Est-ce que vous étiez au courant?

Elle fait signe que non.

– C'est la fille du comte Raymond VII, de la dynastie des Capétiens. Elle épousa Alphonse de Poitiers, mais il mourut au retour de la huitième croisade avant qu'elle puisse lui donner un enfant. Grâce à vous et à cet enfant que vous avez, l'héritage de droiture et de sagesse des Capétiens revivra. Allez, touchez les ganglions de mon cou, maintenant.

La voyant qui n'ose pas bouger, il s'empare de ses mains et les guide jusqu'à son cou.

– Vous voyez, mes ganglions, ils ne sont plus enflés. Quand je suis entré ici, ils étaient infectés, c'est la raison pour laquelle je me sentais en si mauvaise forme. Sans que vous le sachiez, vous avez hérité des dons des Capétiens qui guérissaient la scrofule en touchant les écrouelles de leurs sujets. C'est un don précieux et unique que vous possédez là, Maryse...

Elle ne sait plus si elle doit poursuivre le massage ou prendre ses jambes à son cou. Jo tranche pour elle en se levant. Au moment où elle va protester, pour la forme, car elle est trop secouée pour reprendre son travail, il lui dit avec humilité qu'il n'est pas digne d'être massé par elle.

– Mais je reviendrai vous voir pour autre chose, fait-il avec un sourire énigmatique, qui ajoute encore au mystère.

Dès que Jo a quitté le salon de massage, craignant tout à coup pour son enfant, Maryse saute dans sa voiture. Elle rentre à bout de souffle dans son appartement. Sa fille Aude est en train de manger, alors que sa gardienne, une étudiante en histoire, est plongée dans *La France sous les derniers Capétiens* de Marcel Bloch. En apercevant le titre du livre, Maryse s'effondre sur une chaise et se met à trembler de tous ses membres. Comme si elle venait d'échapper à une mort certaine. Les Capétiens! Cela ne peut être un hasard. Cet homme, c'est le diable en personne.

20

Ragaillardi par les bons soins de Maryse, le diable se rend chez un concessionnaire automobile dans le quartier de la place du Molard où il a commandé, quelques jours auparavant, une Porsche 944 rouge feu. Cette fois, même si la voiture est immatriculée à son nom, ce n'est pas pour lui. Jo veut en faire cadeau à Luc qui n'a plus d'automobile et se contente, lorsqu'il est à Plan-les-Ouates, d'emprunter la première qui lui tombe sous la main.

En fait de surprise, c'est plutôt Jo qui est servi. Quand il arrive à Annemasse, Luc est en pleine séance de pose. Jo est d'abord étonné: il ne savait rien de cet imposant portrait. Mais c'est surtout la tête d'éphèbe de Mathieu qui le saisit et fait naître en lui les pires soupçons. Lorsqu'il s'agit de feindre l'émotion, Jo n'a de leçons à recevoir de personne. Par contre, lorsqu'il s'agit de masquer une émotion réelle, il est moins fort. Même s'il s'efforce de cacher son agacement du mieux qu'il peut, il se doute bien que Luc l'a perçu. Mieux vaut, pense-t-il, ne pas faire de vagues. Qui sait si Luc n'attend pas justement une scène pour le quitter?

Après avoir enjoint l'artiste et son modèle de ne rien interrompre à cause de lui, Jo contemple le tableau dans lequel il aperçoit des choses troublantes. Observant tour à tour Luc et Mathieu, il constate que le portrait emprunte autant à l'un qu'à l'autre. Les yeux sont ceux de Luc, la bouche et le nez aussi, mais le front est celui du peintre ainsi que l'ovale du visage et la longue chevelure. Cette curieuse osmose forme une figure christique d'une grande beauté, une figure si réaliste qu'on dirait que les lèvres vont s'ouvrir pour vous parler, que ces yeux qui vous suivent quand vous vous déplacez vont se mettre à pleurer; une figure si belle et si intemporelle qu'elle pourrait avoir été peinte par Raphaël lui-même.

– C'est remarquable, fait Jo. Quand le tableau sera terminé, nous allons en tirer des reproductions que nous accrocherons dans chacune de nos maisons.

En fait, il souhaite en orner les sanctuaires eux-mêmes mais il n'ose pas le proposer, ne sachant si le peintre est familier avec l'Ordre. Après avoir réaffirmé avec admiration que c'est un nouveau Christ qui naît lentement sur la toile et que ce n'est pas le fruit du hasard, Jo invite Luc et Mathieu à manger au Château, la meilleure table de la région.

Au moment du café, après un repas bien arrosé, Jo confie à Luc le motif de sa visite. Sachant le peu d'intérêt que son ami porte aux voitures, il ne s'attend pas à ce que Luc exulte. Mais c'est Mathieu, encore une fois, qui le surprend en s'écriant: une Porsche 944! Il saute de joie, littéralement, et se montre pressé d'examiner cette merveille. À tel point que les convives en oublient les digestifs qu'on venait de leur apporter à titre gracieux.

Dans la rue, devant la merveille en question, l'enthousiasme du peintre ne se dément pas. Il tourne autour comme s'il s'agissait d'une sculpture de maître. Il s'extasie de la pureté de ses lignes, il la touche, la caresse, ouvre la portière et respire l'odeur du cuir en poussant des soupirs. À l'observer, Jo a fini par retrouver sa belle humeur coutumière: un homme qui nourrit une telle passion pour les voitures ne saurait être tout à fait mauvais.

Luc, pour sa part, voyant que Mathieu en meurt d'envie, lui propose de rentrer à Annecy avec la Porsche.

— Je retournerai à Plan-les-Ouates avec M. Di Mambro, ajoute-t-il à l'intention de Mathieu. Tu viendras me chercher demain matin à neuf heures...

Le jeune homme sourit, fait démarrer le moteur et l'écoute ronronner quelques instants avant de filer dans la nuit. Comme il l'a fait plus tôt, Jo regarde tour à tour Luc et la voiture qui s'éloigne. Que se passe-t-il dans la tête de Luc? Jo qui croyait avoir tout compris doit bien s'avouer qu'il en a encore long à apprendre sur son ami.

Le lendemain matin, en attendant Mathieu devant la maison de Plan-les-Ouates, Luc fait les cent pas. Il a la tête ailleurs... Plus le temps passe, plus il est déçu de la direction que l'Ordre semble vouloir prendre. Au lieu de planifier immédiatement leur voyage vers l'au-delà, Jo se perd dans des calculs financiers qui semblent l'éloigner de son projet. Pourquoi faudrait-il se disperser dans plusieurs pays alors que seul un petit nombre d'initiés pourra effectuer le transit final? Ses frères templiers qui veulent devenir immortels ne semblent pas pressés de quitter la Terre. Tout comme Jo, ils se complaisent dans la possession de biens matériels, ils s'acharnent à construire des fortunes ou à former des sociétés qui deviennent autant de raisons de demeurer sur terre.

Arrivera-t-on seulement à constituer un contingent minimal pour l'ultime voyage? Luc en doute parfois. Il estime à cinquante-quatre le nombre de ceux qui devraient idéalement faire partie du transit, rendant ainsi un hommage posthume aux cinquante-quatre templiers qui furent condamnés comme relaps par l'archevêque de Sens en mai 1310 et qui furent envoyés au bûcher deux ans plus tard.

La santé de Jo lui cause de plus en plus de soucis. Son diabète ne cesse de s'aggraver. Et pour cause: il voyage sans arrêt, indifférent à la fatigue causée par le décalage horaire. Dans les avions et les hôtels, il mange de tout et ne se prive ni de vin ni de plats en sauce. De plus, il ne tient aucun compte des interdits alimentaires de la communauté. Avec pour résultat que ses pieds sont devenus aussi sensibles que s'ils étaient à vif, ce qui indique bien que le diabète progresse.

À cela s'ajoutent encore les ennuis que les femmes causent à Jouret. Marie-Christine, qui en a assez des enfants de Thierry, voudrait être relevée de cette charge pour l'épouser de nouveau; Françoise réclame une pension pour leur enfant et Marie-France, une Québécoise dont il vient de faire la connaissance et qui a déjà été mariée à deux reprises, souhaite faire de lui son troisième mari. Avec les femmes, Luc n'a certainement pas le talent initiatique qu'il s'est découvert avec Élie. Les vierges le déroutent autant que les femmes expérimentées. Il craint d'être rabroué par les premières et jugé par les autres à l'aune d'un machisme dont il se sent bien éloigné. Avant d'être saint Bernard, Luc a d'abord été Hêraklês. Ce héros de la mythologie grecque n'a-t-il pas eu force aventures amoureuses avant de devenir pour un temps l'esclave d'Omphale? Il n'oserait pas l'avouer mais il envie la facilité avec laquelle Jo gère ses amours. La très dévouée Jocelyne ferme les yeux sur ses longs séjours à l'étranger en compagnie de Dominique et cette dernière feint d'ignorer que parmi les initiées seulement, une bonne dizaine sont toujours prêtes à se jeter dans son lit.

Luc en a assez d'attendre Mathieu. Après une heure passée dehors à se ronger les sangs, il entre lui téléphoner. Pas de réponse. Luc ressort, fait le tour des voitures et emprunte la première dans laquelle il voit la clé de contact. En quittant l'allée, il vient près de heurter une fourgonnette de la gendarmerie française. Que diable viennent faire les gendarmes à la maison templière? Luc poursuit sa route mais il s'arrête cent mètres plus loin, en pleine rue, et se fait emboutir par la vieille deux-chevaux qui le suivait. Il sort de sa voiture, croise sans le voir l'autre conducteur qui vient à sa rencontre et se met à courir comme un fou en direction de la maison.

Lorsqu'il aperçoit Jo sous le porche en compagnie des gendarmes qui lui remettent une vignette et des documents à signer, Luc arrête de courir. Même s'il voulait approcher, il en serait incapable: ses jambes sont en plomb, ses bras sont paralysés, ses yeux sont déjà remplis de larmes. Quand les gendarmes repartent quelques instants plus tard, Jo vient jusqu'à lui. Il n'a pas besoin de parler, Luc a tout compris. Il s'effondre dans les bras de Jo et se met à pleurer, le corps secoué de sanglots.

La veille, en quittant Annemasse, au lieu d'emprunter l'autoroute jusqu'à Annecy, Mathieu s'est engagé par Momex sur la route étroite et sinueuse qui suit le sommet du mont Salève. Il voulait, croit-on, aller montrer son bolide à un copain qui travaille à l'hôtel Salève. Dans le col qui descend vers les Cruseilles où se trouve l'hôtel, Mathieu a raté un virage et la Porsche est allée s'abîmer dans les arbres quelques dizaines de mètres plus bas. C'est le gardien de nuit de l'hôtel qui a repéré la voiture en rentrant chez lui à la pointe du jour. Son conducteur était sans vie. La vignette de la voiture avait rapidement conduit les gendarmes jusqu'à son propriétaire. En plus de venir prévenir Jo de la mort tragique de Mathieu, ils voulaient s'assurer que le jeune homme n'avait pas volé cette Porsche flambant neuve.

21

Après le drame, durant des jours entiers, Luc reste terré dans l'espèce de garçonnière qu'il occupe sous les combles de la maison templière. Il n'ouvre la porte à personne, sauf à Jo. Sous prétexte de lui apporter de quoi se sustenter, celui-ci s'assoit à ses côtés sur le canapé et tous deux restent ainsi des heures, n'échangeant que quelques mots.

Pendant cette interminable étreinte qui a suivi la visite des gendarmes, Jo a pu mesurer la profondeur du choc que venait de subir Luc. Il en a profité pour prendre de bonnes résolutions: corriger son naturel possessif et jaloux, se montrer plus affectueux et plus ouvert avec Luc. Après avoir mangé avec abondance et bu quelques verres de vin, il arrivait qu'il ait pour son ami des gestes affectueux: lui toucher le bras afin d'attirer son attention, lui manifester par un regard ou un sourire qu'il appréciait sa présence. En le quittant pour la nuit, il l'embrassait toujours sur les deux joues. Après l'accident, Jo se laisse aller à encore plus de tendresse, au point que des étrangers eussent pu conclure qu'il y avait plus que de l'amitié entre les deux hommes. Leur relation reste platonique, c'est vrai, mais c'est parce que Jo, sur ce terrain-là, ne peut jamais dépasser une certaine limite; et si Luc se garde toujours de la franchir avec lui, c'est parce qu'une telle chose lui paraîtrait non pas répugnante mais presque incestueuse.

Cette retraite fermée a le meilleur effet sur la santé de Jo. Il perd quelques kilos et, mieux encore, surveillé de près par Luc, il réussit à contrôler son diabète. De plus, le raffermissement de leur relation a pour effet d'éteindre chez Luc toute velléité de regarder du côté de chez Bourdin ou de chez Véret pour voir si l'herbe y est plus verte. Pour la première fois depuis des mois, les deux hommes réussissent à discuter en toute sérénité de l'ultime voyage vers Sirius. Même à Jo, le transit paraît maintenant inéluctable et il en parle avec plus de conviction qu'il ne l'a jamais fait. Prisonniers comme ils le sont des combles de cette maison d'où ils ne peuvent apercevoir que le ciel, ils trouvent sans doute la terre moins attirante et l'idée de devoir la quitter plus acceptable.

De toute la maisonnée, Jocelyne est la seule admise auprès des reclus. Ne voulant rien perdre des fruits de leurs méditations et du dialogue qui en résulte, ils lui demandent de monter quelques heures chaque jour avec son ordinateur. Là, ils lui transmettent les pages les plus éloquentes d'un testament qui fera plus tard le tour du monde.

Jocelyne est donc la toute première à apprendre que «ni les races ni l'évolution humaine ne sont le fruit du hasard. Elles sont régies par une Fraternité Occulte constituée de trente-trois Sages (les Frères aînés de la Rose+Croix), ainsi que par quelques Adeptes regroupés en petites fraternités discrètes». Après une discussion serrée, Jo n'étant pas convaincu qu'on puisse parler de la fin du cycle terrestre pour tout le monde, ils se mettent d'accord pour restreindre la prophétie à leur seul groupe. Luc dicte mot à mot, presque syllabe par syllabe, cette partie du document, indiquant à Jocelyne chacune des majuscules et s'assurant qu'elle écrive au singulier des mots qui, à première vue, semblent réclamer le pluriel. «Ayant terminé leur cycle évolutif terrestre, leur entité utilise des corps d'emprunt pour se manifester en ce monde et accomplir les Desseins Divins. Au-delà du temps et de l'espace, ces Initiés de haut rang se reconnaissent et se retrouvent toujours pour organiser les mutations, modifier la structure de la Nature, transformer la Matière brute afin que la Conscience des règnes évolue harmonieusement, toujours vers un état supérieur. Bien que leur appartenance à cette Fraternité demeurât totalement occultée, ils marquèrent par leur présence, leur rayonnement et leur action les grands tournants de l'Évolution. Jusqu'à ce jour, ils ont maintenu un juste équilibre entre l'Ombre et la Lumière, ce que les alchimistes appellent Solve et Coagula.»

Quand les deux hommes en arrivent aux passages consacrés au transit vers l'au-delà, Jo juge préférable de libérer Jocelyne de ses fonctions de secrétaire. Il vaut mieux ne pas l'en informer aussi longtemps à l'avance. C'est donc au stylo que Luc écrit cet oracle fatidique: «Parce que nous savons qui nous sommes, d'où nous venons, où nous allons, conscients de notre futur, nous concrétisons aujourd'hui les conditions d'un Plan préétabli en d'autres temps. Nous quittons cette Terre pour retrouver, en toute lucidité et en toute liberté, une Dimension de Vérité et d'Absolu, loin des hypocrisies et de l'oppression de ce monde, afin de réaliser le germe de notre future Génération.»

Quand Luc et Jo finissent par émerger de leur cachette, ils sont rayonnants tous les deux. Jo semble avoir rajeuni de cinq ans. Quant à Luc, il a retrouvé le regard lumineux et la puissance intérieure qui fascinent tant de gens. Sûr d'être blindé contre toute sensiblerie, il se rend à Annemasse où il va chercher le portrait inachevé. Puis il se rend aux Cruseilles, à l'endroit même où la Porsche a plongé dans le vide, arrachant au passage une partie de la rambarde métallique.

Seul sur le bord de la route, il met le feu au tableau et le tient à bout de bras jusqu'à ce qu'il soit sûr que les flammes le consumeront en entier. Il balance ensuite le canevas en flammes au fond du précipice au risque d'enflammer toute la forêt.

22

En quelques mois, encouragé par l'appui de Jo qu'il croit maintenant indéfectible, Luc a repris le dessus, même si le souvenir de Mathieu reste très vif. Il s'est remis à voyager et a recommencé sa pratique qu'il avait considérablement négligée.

Un couple attend en silence dans l'antichambre du cabinet d'Annemasse. Bruno et Rose-Marie Kleist ont l'air emprunté des paysans qui s'endimanchent pour faire une «sortie propre». Elle porte un costume à la Chanel qui lui donnerait un air de femme de carrière si elle n'avait pas le visage brûlé par le soleil et des chevilles noueuses que ses souliers Dior rendent encore plus apparentes. Elle trompe sa nervosité en tournant dans son doigt un solitaire qui ne saurait faire oublier ses mains gercées de travailleuse. Lui trompe son ennui en passant à tout moment l'index entre son cou et un col de chemise qui lui scie la pomme d'Adam.

– Détache ton col, dit la femme à son mari.

Il fait signe que oui mais en bougeant à peine la tête comme s'il souffrait d'un douloureux torticolis. Quand la réceptionniste annonce que le docteur Jouret est prêt à les recevoir, il se lève lentement et marche d'un pas raide comme si sa colonne vertébrale était soudée d'une seule pièce.

— Ça va? demande sa femme qui le soutient par le bras.

C'est Rose-Marie qui décrit à Luc la nature de son mal. Quand Bruno se penche brusquement, explique-t-elle, il tombe. La chose lui est arrivée plus d'une fois depuis quelques jours et il a même failli être piétiné par des vaches. Les bêtes entraient pour la traite et, en essayant d'en retenir une qui prenait la mauvaise direction, Bruno s'est écrasé au sol. Ce matin même, en se levant du lit, il s'est heurté à la commode en tombant. Joignant le geste à la parole, elle montre le sparadrap qui barre l'arcade sourcilière de son mari. Il n'est pas geignard et il déteste courir les médecins, poursuit-elle, mais cette fois, elle a décidé d'en consulter un.

La vérité, c'est que Bruno a si peur de la maladie qu'il préfère l'ignorer en espérant qu'elle s'en aille comme elle est venue. S'il a accepté de partir des environs de Fribourg pour venir à Annemasse, c'est que le docteur Jouret, lui a-t-on dit, n'est pas un médecin comme les autres. Il ne soigne pas le bistouri dans une main et le carnet d'ordonnances dans l'autre. Il écoute, il observe, il interroge et quand il pose un diagnostic, c'est le bon.

Luc est horrifié en entendant la suite. Ces gens se bourrent de produits laitiers et de viande rouge et ingurgitent des desserts aux fruits et à la crème. Il suffit de les voir postillonner quand ils parlent pour comprendre qu'ils aspergent leur nourriture de bactéries. Comme si ce n'était pas assez de s'empoisonner avec les mélanges mortels cuits au téflon que madame sert dans les assiettes!

— Comptez-vous chanceux d'avoir eu la force de vous rendre jusqu'à mon cabinet, dit Luc gravement, les regardant l'un et l'autre.

— Mais je ne suis pas malade, moi, docteur, répond Rose-Marie.

– Ce n'est qu'une question de temps, laisse tomber Luc, qui semble la tenir responsable du régime meurtrier dont elle a parlé avec tant de naïveté. Je vais examiner votre mari. Vous pouvez rester.

C'est la première fois qu'un médecin fait un examen à son mari en sa présence. Voilà qui la rassure et lui fait oublier le regard réprobateur que Luc fait peser sur elle depuis leur arrivée. Son verdict tombe comme le couperet d'une guillotine:

– Vous avez un cancer du cervelet!

Bruno, dont l'équilibre est déjà précaire, vient près de tomber en bas de la table d'examen. Il n'a même pas quarante-cinq ans! Qui s'occupera de ses entreprises agricoles? Les vaches, les moutons, la fromagerie, le petit vignoble sur les hauteurs du Léman, c'est beaucoup trop pour Rose-Marie. Ils ont deux enfants, soit! mais ce sont deux filles et elles sont encore aux études. Rose-Marie est plus atterrée encore que son mari. Il y a de quoi! N'est-elle pas à blâmer, elle aussi? Les aliments venaient de la ferme et on les mangeait sans réfléchir. Tout cet argent qu'ils ont économisé en se nourrissant de leurs propres produits, à quoi servira-t-il maintenant? À un mausolée?

– Y a-t-il quelque chose qu'on puisse faire? demande Rose-Marie, la voix éteinte.

– Oui, mais il faudra m'écouter. M'obéir aveuglément. Comme si vous étiez de petits enfants.

– Je ferai tout ce que vous direz, lui jure Bruno dont le serment d'obéissance aveugle est aussitôt repris par Rose-Marie.

Ce sont de braves gens qui ont trimé dur toute leur vie. Des gens simples, un peu naïfs, mais d'une honnêteté irréprochable. Ils possèdent une terre de plusieurs hectares à mi-chemin entre le lac de Neuchâtel et le lac Morat. Une terre vallonneuse avec des boisés entretenus comme des parcs urbains, des prairies dont les herbes font la vague sous la brise et, non loin de la maison de maître, qui a la majesté d'un manoir, une énorme étable de la grosseur d'un paquebot. La bergerie est plus modeste mais elle n'en accommode pas moins un troupeau d'une centaine de têtes.

Luc, qui est venu faire le tour du propriétaire, ne reste que quelques heures mais sa venue va changer du tout au tout la vie de ces gens. Il commence par recommander d'éviter de mettre tout engrais dans le potager et jure qu'il leur apportera des légumes de Plan-les-Ouates pour qu'ils puissent profiter des vertus régénératrices que leur donnent les selles de l'enfant cosmique. Ayant vite compris que ses propos tombaient en terrain fertile, Luc parle d'abondance de la communauté qu'il dirige avec un maître genevois et, surtout, il réorganise toute la maison, s'attardant avec un malin plaisir dans la cuisine pour faire damner la sceptique Rose-Marie.

C'est ainsi que disparaissent des armoires la batterie en aluminium et les vilaines poêles de téflon, le gros bocal de sucre en poudre et les récipients de fer-blanc. La poubelle ira sous le porche et les crochets destinés à suspendre les vêtements de travail seront dévissés du mur. Ne doivent rester dans la cuisine que des tabliers assez grands pour couvrir les vêtements portés à l'extérieur et il ne saurait être question de mêler serviettes et linges à vaisselle. Si tous les interdits sont respectés, conclut Luc, si Bruno prend soin de ne pas manger plus de trois aliments différents par repas et s'ils s'efforcent tous deux de chasser toute pensée négative, les effets positifs de ce régime ne devraient pas être longs à se faire sentir.

De plus, Luc étant convaincu qu'une cérémonie templière ferait le plus grand bien à son malade, il en parle à Jo qui veut bien inviter les Kleist à «La Vignère» mais dans quelques jours seulement, le temps de faire venir des membres de Suisse et du Québec afin de leur en mettre plein la vue. «La Vignère», c'est une maison cossue mais assez laide qu'il a achetée l'année précédente à Pernes-les-Fontaines, non loin de Carpentras. Thierry y a travaillé d'arrache-pied depuis plusieurs mois et la maison a maintenant fière allure. On y a même aménagé un magnifique sanctuaire au sous-sol.

Partis de Fribourg dans leur imposante Volvo, les Kleist ont fait monter Luc à Annemasse. Pour ce voyage de quelques centaines de kilomètres, Rose-Marie a convaincu son mari d'engager un chauffeur. Grâce à leur changement de vie, ses brusques pertes d'équilibre sont choses du passé, mais il lui arrive encore d'avoir des étourdissements en tournant la tête trop rapidement ou en la rejetant en arrière. Dans ces conditions, il eût été dangereux de conduire lui-même. La longue route jusque dans le Vaucluse s'effectue sans incident, mais quand la voiture quitte l'autoroute pour s'engager vers Carpentras, Bruno insiste pour qu'on s'arrête. Il veut voir la cathédrale Saint-Siffrein. Mais que se passe-t-il? Il déraille, le pauvre!

– Est-ce que c'est une église luthérienne? demande Rose-Marie à Luc.

– Non, c'est une église catholique.

Elle s'interroge à voix haute sur ce que son mari irait faire là puisqu'il est protestant. Bruno ne veut rien entendre. Il insiste pour visiter la cathédrale. D'ailleurs, on en dit le plus grand bien dans le guide Michelin que Luc lui a donné et dans lequel il a souligné le nom du monument. Rose-Marie n'est pas du tout impressionnée par cette église construite sur les ruines d'une cathédrale romane. Cette luthérienne pratiquante la trouve même d'assez mauvais goût et le piteux état dans lequel se trouve la cathédrale lui confirme le bien-fondé de la réforme. Au moins, les églises protestantes sont bien entretenues, songe-t-elle! Debout entre la nef et le chœur, Bruno a placé ses mains sur ses oreilles. Elles bourdonnent de façon bizarre, dit-il, et il entend des lamentations. Rose-Marie n'entendant rien du tout, elle s'affole. Son mari est-il en train de perdre la raison? De son côté, Luc reste calme. Ces lamentations sont un signe, mais il n'arrive pas à le décoder. Une fois à Pernes-les-Fontaines, il en parlera à Jo qui sait mieux que lui interpréter ces phénomènes. Même les plus obscurs.

Lorsque la Volvo s'arrête à La Vignère, les Kleist sont à la fois surpris et ravis de constater que plusieurs personnes les attendent. Ils n'ont aucune prétention mais de voir autant de monde les accueillir les rassure. Se retrouver avec un chef de chez Piaget et un musicien dont ils ont vu la photo dans le journal leur fait presque oublier pourquoi ils sont venus. Ils entretiennent le vague espoir que ce week-end apportera à Bruno une guérison totale. Luc les a bien prévenus: assister à une cérémonie templière est très exceptionnel pour des profanes. Ils doivent cet insigne honneur à Jo, qui convient avec Luc que les vibrations positives de toute la communauté en prière peuvent avoir raison d'un cancer. Jusqu'à maintenant, ces vibrations ont surtout eu des effets bénéfiques sur les maux de l'âme, mais pourquoi ne pas leur donner l'occasion d'agir aussi sur le corps?

Le couple dîne en compagnie de Luc, de Jo et de Michel. Les propos que tiennent ces trois hommes cultivés leur passent bien haut au-dessus de la tête mais comme il est question de la sagesse, de l'évolution de la conscience et, surtout, de la décadence du monde actuel, les Kleist ne peuvent que les appuyer. Rose-Marie avoue qu'elle craint pour ses deux filles bien plus que pour l'humanité tout entière. Pour effacer la mauvaise impression laissée par ce commentaire réducteur et égoïste, Bruno interroge ses hôtes sur la façon dont leur communauté assure sa subsistance. Jo prend un long moment avant de répondre. L'air accablé, il explique en soupirant que l'Ordre traverse une période très difficile sur le plan matériel. L'Ordre doit dans les meilleurs délais multiplier les centres de survie. Il y en a déjà un bien établi au Québec, mais il en faut d'autres en Australie, en Suisse, en France et dans les Antilles. C'est le prix à payer pour que le plus grand nombre de personnes échappent à l'Apocalypse.

— À ce jour, ajoute-t-il, la voix brisée par l'émotion, nous ne pourrions sauver plus d'une centaine de personnes.

— Mais qu'arrivera-t-il aux autres? s'enquiert Rose-Marie subitement consciente qu'au-delà des périls moraux que courent ses chères filles, un cataclysme les attend peut-être.

— Si nous ne recueillons pas les sommes nécessaires pour créer d'autres centres de survie, l'Apocalypse emportera tous nos proches. Seuls quelques élus s'en tireront.

Bruno trouve tout à coup son cancer du cervelet bien moins éprouvant. Quand Jocelyne entre dans la salle à manger pour proposer un yaourt en guise de dessert, les Kleist refusent poliment. L'Apocalypse leur a coupé l'appétit.

Dès matines, quand on vient les chercher pour la cérémonie, Bruno et Rose-Marie ont l'air aussi fatigués l'un que l'autre. Ils n'ont pas fermé l'œil de la nuit. Est-ce à cause des propos alarmants de la veille? Toujours est-il que les symptômes du cancer de Bruno sont réapparus. Chaque fois qu'il bouge dans le lit, il a la sensation de partir à la dérive. Rose-Marie doit l'aider à se vêtir et le soutenir par le bras pour entrer dans le sanctuaire. Ils sont précédés de Jocelyne qui leur a demandé de se faire le plus discrets possible, la cérémonie étant déjà en cours. D'abord, ils aperçoivent Doudou. Doudou, c'est le surnom d'Emmanuel, l'enfant cosmique. Plutôt petite pour ses sept ans, elle est debout, pieds nus, et tient par la tige une rose rouge cueillie durant la nuit. Derrière elle, brûlent les bougies d'un chandelier à sept branches. Les fidèles font demi-cercle autour de l'enfant, d'un côté les hommes en aubes blanches, de l'autre les femmes en robes de satin blanc. Tous sont pieds nus et ont les bras croisés sur la poitrine, les mains à plat sur les épaules. C'est Jo qui officie.

— Frères templiers des temps anciens, vous qui vivez déjà sur le plan astral, alors que nous ne sommes que de pauvres humains, délivrez-nous de la cupidité de ceux qui s'affirment les défenseurs de la liberté.

– Délivrez-nous! reprennent les fidèles en chœur.

– Délivrez-nous des politiciens qui valorisent le mensonge et la manipulation.

– Délivrez-nous!

– Délivrez-nous des chevaliers d'industrie qui dilapident la Terre, des dictateurs qui persécutent les porteurs de lumière, qui avilissent la race humaine et ne peuvent juguler leurs pulsions destructrices.

– Délivrez-nous!

– Je vous en conjure, délivrez aussi notre frère Bruno de son mal.

En entendant cette supplique, Bruno chancelle comme s'il allait perdre connaissance. Luc accourt pour aider Rose-Marie à soutenir son homme et il pose une main sur la nuque du malade, élevant la voix pour implorer à son tour les frères templiers.

– Délivrez Bruno de son mal, dit-il d'une voix forte.

L'assistance reprend ses paroles en élevant le ton. Tout à coup, comme sorties de nulle part, des lamentations musicales se font entendre, qui vont en augmentant jusqu'à devenir assourdissantes. Les draperies qui entourent le sanctuaire se séparent d'environ un mètre et demi et dans l'espace ainsi dégagé un rayon lumineux vient tracer en lettres rouge feu le mot GENET. À l'exception de Jo, de Luc et de Michel qui n'ont pas bougé, personne ne peut réprimer un mouvement de surprise. Quant à Bruno et Rose-Marie, n'ayant pas l'habitude de ces célestes manifestations, ils sont pétrifiés. Jo implore les maîtres de se montrer plus explicites.

– Maîtres, ô maîtres de l'invisible, que signifient donc ces lettres de feu?

N'obtenant aucune réponse, Jo demande à l'assemblée d'augmenter les ondes vibratoires, en se recueillant plus profondément.

– Nous devons entrer en nous-mêmes, s'écrie-t-il, nous devons communiquer par la pensée avec nos frères des temps anciens, nous devons les supplier de nous aider en ce moment difficile, annonciateur de temps qui le seront encore davantage. Prions!

Les lettres fatidiques continuent d'étinceler sur le mur et la flamme des bougies dessine sur les draperies des ombres inquiétantes. Un silence sépulcral fait suite aux lamentations et on n'entend plus que le souffle des fidèles qui se fait le plus léger possible pour ne pas perturber la communication avec les entités. Une odeur d'encens monte dans la pièce. Un coup de tonnerre fait sursauter les fidèles. Ceux-ci en sont à peine remis qu'un autre rayon lumineux partant du mot GENET vient toucher Bruno au front. Heureusement qu'il est toujours soutenu par Luc et par sa femme car cette fois c'est la peur, et non son mal, qui l'aurait fait tomber. Jo s'approche du couple d'un pas cérémonieux, regarde Bruno avec une intensité dont lui seul est capable. Il lui annonce qu'il a découvert qui il est.

– Tu es Elzéar Genet dit Carpentras, maître de chapelle des papes Léon X et Clément VII, qui inaugura l'orgue de l'église Saint-Siffrein. Les lamentations que nous venons d'entendre et que tu fus d'abord seul à percevoir à la cathédrale sont des musiques que Genet composa lui-même. Elles furent reprises plus tard par Sixte Quint, le saint pape qui assainit l'Église romaine et la débarrassa des mauvaises mœurs et du libertinage.

Dès que Jo a terminé, le rayon s'éteint et les lettres disparaissent. Encore aveuglé par le rayon, Bruno plisse les yeux comme s'il cherchait à voir plus clair dans toute cette affaire. Rose-Marie n'a rien compris, mais comme tous les regards sont tournés vers son mari, elle en déduit qu'il doit s'agir d'une révélation importante. Bruno recouvre la vue en même temps que ses esprits. Luc explique alors qu'il comprend mantenant pourquoi Bruno a ressenti ce besoin irrésistible d'arrêter à la cathédrale

Saint-Siffrein. Mais ce n'est pas terminé. Luc lui demande de s'agenouiller afin qu'il puisse lui imposer les mains. Cela fait, Bruno se relève rapidement, ferme les yeux, bouge la tête de gauche à droite, de haut en bas, la balance d'avant en arrière, puis lance un cri de joie:

– Je suis guéri, je suis guéri!

Au chapitre des miracles, Luc a déjà une feuille de route impressionnante. Cependant, celui qu'il vient d'accomplir lui cause un extrême plaisir. D'abord parce que ce miracle a eu lieu au su et au vu de toute une assemblée, mais surtout parce qu'Hélène était du nombre. Depuis la mort de Mathieu, c'est la première fois qu'il se sent une abondance d'énergie et il lui semble qu'Hélène, entre toutes les femmes, pourrait l'aider à la canaliser.

Il a revu la jeune femme au cours d'une récente visite à Montréal mais il n'était pas en «état de grâce» et elle non plus, semble-t-il. Ce miracle pourra sans doute raviver en elle le souvenir du moment d'extase qu'ils ont vécu ensemble. Et si Hélène, à qui Jo n'a encore trouvé aucune identité cosmique, était Omphale? Il abandonnerait pour elle toute velléité homosexuelle et deviendrait volontiers son esclave. Quoi qu'il en soit, Luc sait qu'il connaîtra la même fin qu'Hêraklês. Il périra par le feu et sera ainsi purifié avant d'être immortalisé sur Sirius, sublime destin que seuls quelques grands prophètes ont connu: Jésus, Mahomet, Sâkyamouni et Confucius.

Le lendemain de la cérémonie, Bruno n'a plus aucun symptôme de son cancer. Il sautille au pied du lit, fait de rapides mouvements de gymnastique. Rien! Pas le moindre étourdissement ou le moindre déséquilibre. Il ferait bien une pirouette s'il en était capable, à la fois comme test ultime de sa guérison et pour manifester la joie qu'elle lui inspire. Revenant de ses ablutions matinales, sa femme lui demande s'il a toujours l'intention de repartir le jour même. Il opine et ajoute qu'il veut remercier ses hôtes de façon princière. Rose-Marie, peu généreuse de nature, tique. Encore tout à l'euphorie de son bien-être retrouvé, Bruno veut entamer les deux millions d'économies qu'ils ont à la banque. Cette fois, Rose-Marie s'oppose. Qu'a-t-il en tête au juste? S'il était mort de son cancer, explique-t-il, les trois quarts de cette somme auraient été partagés également entre sa femme et ses deux filles et le solde réparti entre ses frères et sœurs. Rose-Marie aurait-elle objection à ce qu'il verse plutôt ce solde à la communauté? Celle-ci, soulagée de constater que sa part et celle des filles ne se trouvera pas entamée, finit par se raviser.

Rose-Marie aurait bien aimé que Bruno fasse son don en présence de tout le monde. «Puisqu'ils ont tous été témoins de ta guérison...» Mais Bruno a la modestie des paysans. Il a le sentiment de faire trop peu en regard de ce qu'on a fait pour lui. N'eût été la cupidité de sa femme, c'est la somme totale de ses économies qu'il aurait versée. Il se donne même la peine d'expliquer cela à Jo – qui en prend note – tout en lui remettant «pour ses œuvres» un chèque de cinq cent mille francs suisses. Jo l'accepte sans effusion superflue, ce qui confirme bien à Bruno que le don n'a rien de singulier.

23

Carole est venue en France avec Hélène pour assister à cette cérémonie spéciale durant laquelle Bruno a été guéri. Toutes deux ont répondu spontanément à l'appel de Jo, Hélène parce qu'elle lui obéit comme une petite fille à son père; Carole parce qu'elle souhaite allumer chez Luc la flamme du désir. Carole a appris qu'il voyait une certaine Marie-France lorsqu'il venait au Québec mais Hélène l'a rassurée, lui disant que si on parlait de mariage entre les deux, c'était uniquement pour que Luc obtienne la nationalité canadienne. Dominique n'a-t-elle pas épousé un Québécois pour cette seule et unique raison? D'ailleurs la reine Hatshepsout et Roger n'ont jamais cohabité depuis leur mariage. Carole n'attend qu'une occasion pour proposer à Luc ce genre de mariage blanc, tout en se disant qu'elle saurait bien trouver le moyen, ensuite, d'approfondir leur relation.

Hélène est en train de prendre une douche dans la grande salle d'eau de La Vignère. Elle a passé tout l'après-midi à désherber les plates-bandes avec Carole. Depuis que Thierry séjourne avec Odile au Canada où il sert d'homme à tout faire au centre de survie de Sainte-Anne-de-la-Pérade, le jardin de la villa est très négligé. Encore ce matin, Jo a fait une colère lorsque Doudou a failli s'écorcher sur des chardons en courant chercher son ballon. Heureusement, Jocelyne l'a rattrapée avant qu'elle ne se blesse. Le mois dernier, les personnes qui séjournaient à la villa ont eu moins de veine. Un matin, alors que Dominique et Nikki installaient le parasol sur la table du patio, Doudou marchait tant bien que mal sur la pelouse avec ses impossibles chaussures à semelles de dix centimètres d'épaisseur. Ces semelles sont censées la protéger du sol dont elle doit toujours se trouver le plus éloignée possible. Occupées à leur besogne, les femmes l'ont perdue de vue un instant. Doudou a glissé dans l'herbe mouillée et s'est égratigné le genou sur une lance du système d'arrosage. La coupure avait à peine quelques millimètres mais le genou saignait; en l'apercevant, Jo est devenu hystérique. Il a giflé sauvagement Dominique et Nikki et s'est mis à désinfecter la blessure et à faire lui-même un pansement. Il a décrété que les personnes présentes à La Vignère ne mangeraient plus que du riz bouilli jusqu'au parfait rétablissement de Doudou. Tous se sont relayés vingt-quatre heures sur vingt-quatre dans le sanctuaire. Il fallait prier pour que l'enfant récupère la partie de son code génétique qui avait fui avec les quelques gouttes de sang versées. Jocelyne a gouverné la maisonnée d'une main de fer pendant toute la semaine qu'a duré la convalescence. Seul Jo avait le droit de quitter la villa mais quand il rentrait, il demandait à sa femme de lui raconter la journée dans les moindres détails.

— *It was hell all week*, avait dit Nikki à Hélène quand furent levées les interdictions et qu'elle put enfin téléphoner.

Une semaine d'enfer qui avait failli mal tourner. Au milieu de la nuit, alors que Nikki commençait sa ronde de prière avec Toni, elle avait perdu connaissance et s'était écroulée sur le parquet froid et humide du sanctuaire. Toni avait voulu la secourir mais Jocelyne l'avait arrêté net:

– On n'interrompt pas la prière!

Nikki s'était réveillée dans son lit deux heures plus tard. Heureusement, elle n'avait rien de sérieux.

Hélène, après s'être lavé les cheveux, s'entoure la tête d'une serviette et s'apprête à sortir de la douche. Elle tressaille tout à coup. Elle a l'impression qu'on l'observe à travers la porte de verre dépoli.

– C'est toi, Carole?

Elle n'obtient pas de réponse et ouvre la porte de la douche. Luc est là qui lui présente son peignoir et l'aide à l'enfiler. Elle s'essuie rapidement en prenant soin de ne pas regarder Luc qui, en ces jours de canicule, porte une djellaba de coton blanc qu'il a adoptée lors de son séjour en Martinique.

– Laisse, je vais te sécher, dit-il.

Il attire Hélène vers lui et l'adosse contre sa poitrine. Elle sent très bien les doigts de Luc sous l'épaisse ratine comme elle sent aussi bander son membre. Lorsque les mains de Luc descendent jusqu'à son ventre, elle les écarte vivement et se dégage.

– Je suis désolée, dit-elle. Tu ne peux pas me toucher, je suis menstruée.

Il fait une grimace dégoûtée, puis son visage devient de glace.

– Cet après-midi, tu t'es approchée à moins de quinze mètres de l'enfant cosmique. Dans ton état, c'est inadmissible. Tu connais pourtant la consigne.

Hélène est indignée.

– C'est Doudou qui est venue dans ma direction en courant pour attraper son ballon. Je n'y suis pour rien.

– Doudou est encore un enfant. C'est à nous de prévoir chacun de ses gestes.

Il sort en laissant Hélène à son trouble. À ses remords aussi, car elle n'a pas ses règles comme elle vient de le prétendre. Piteuse, elle baisse la tête. Ce n'est pas à Luc qu'elle vient de faire un affront, mais à l'univers tout entier qu'elle a privé de l'énergie du maître.

Luc sort de la salle d'eau au moment où Carole allait y entrer. Il passe près d'elle sans la regarder. Elle le prend par le bras et le retient:

— Qu'est-ce que tu faisais avec Hélène?

Furieux, il se dégage brusquement.

— Mais qu'est-ce que vous avez, aujourd'hui? Vous vous acharnez à étouffer toutes les forces positives et créatrices! Les femmes qui se prennent pour d'autres et qui compromettent l'équilibre de l'univers, j'en ai rien à cirer. Va la rejoindre! Vous êtes toutes pareilles!

Carole est ébranlée. Elle se laisse choir sur le parquet et se met à pleurer, la tête dans les mains. Quel affreux sentiment de jalousie l'a poussée à questionner le maître? Pourquoi ne s'est-elle pas jetée à genoux comme Marie-Madeleine devant Jésus pour essuyer ses pieds avec ses cheveux?

24

É lie passe beaucoup de temps au Québec depuis que son père lui a donné Jacqueline comme compagne. Cet exil fait bien l'affaire de Jo puisqu'il met un océan entre son fils et Luc. Jo a longtemps craint que son fils s'entiche de Luc. Il préfère ne pas s'avouer que pareille liaison eût usurpé une place qu'il ne pouvait occuper lui-même, par pudeur autant que par crainte d'y prendre goût. Et puis, il y a sa constante inquiétude de perdre Luc. Tant que Luc continuera de butiner d'une femme à l'autre, Jo sait bien qu'il gardera son emprise sur lui.

Même s'il reste en relation avec sa mère, Hélène Ghersi, c'est toujours avec Jocelyne qu'Élie discute des questions qui concernent son père. Las de cette Jacqueline trop âgée pour lui, Élie a fait savoir à Jocelyne qu'il souhaiterait être rapatrié en Suisse pour ses vingt ans. Parce qu'il a bien peu de temps à consacrer à ses enfants, Jo saisit toujours l'occasion de satisfaire leurs désirs, surtout s'ils ne requièrent pas trop d'efforts. Dans ce cas-ci, les efforts se sont limités à l'achat d'un billet d'avion.

Jo avait promis d'être présent à l'aéroport pour accueillir Élie mais comme il a été appelé d'urgence à Zurich par les maîtres de l'invisible (en vérité, inscrit sous un nom d'emprunt, il se prélasse sur les bords du lac d'Annecy, dans la luxueuse auberge du Père Bise, en compagnie de Maryse), c'est Jocelyne qui vient le chercher.

Si Élie a demandé à revenir en Suisse, c'est pour une tout autre raison que celle qu'il a invoquée. Quelques jours avant de téléphoner à Jocelyne, il a reçu au 66 de la rue Lafleur, à Saint-Sauveur-des-Monts, au Québec, une lettre «personnelle et confidentielle» provenant de Nîmes, en France. Un coup de massue sur la tête ne l'aurait pas sonné davantage. Écrite à la machine par quelqu'un qui prétend avoir connu son père, la lettre anonyme lui a appris que Jo a été expulsé de Monaco en 1967 pour des affaires frauduleuses, qu'il a été arrêté à Nîmes en 1972 et condamné à six mois de prison avec sursis pour chèques sans provision et abus de confiance.

Ce sont moins ces histoires d'expulsion et de condamnation qui l'ennuient que les soupçons de plus en plus soutenus qui surgissent lorsqu'il revoit sa vie au sein de l'Ordre. Durant tous ces mois passés hors de l'influence paternelle, sa perception des choses a changé. Au Québec, il a fréquenté des adolescents qui remettaient leurs parents en question, qui discutaient leurs ukases, qui, tout en les respectant, n'acceptaient pas qu'ils leur imposent d'autorité des comportements ou une façon de vivre. Aucun d'eux n'aurait consenti à se voir affublé d'une aube blanche ridicule et forcé d'assister en silence à d'interminables cérémonies templières. Aucun ne se serait conformé aux règles extravagantes de Luc concernant la nourriture et la façon rituelle de la consommer.

Élie se souvient encore de la tête que lui firent ses copains montréalais qui l'avaient entraîné dans un McDo, quand il leur apprit qu'il y mettait les pieds pour la première fois. Véritable rencontre du troisième type que ce face à face entre le Big Mac et lui! Élie se sentait comme un Martien dans ce lieu sacré du *fast food.* À seize ans, il découvrait le vrai monde. Il découvrait surtout que les templiers en étaient absents et qu'on semblait ignorer jusqu'à leur existence. Les mises en garde répétées de Jacqueline contre les indiscrétions qu'elle le croyait capable de commettre ne firent qu'exciter sa curiosité et éveiller davantage ses soupçons. Le soir, il avait du mal à s'endormir, repassant dans sa tête les cérémonies, essayant de faire la part des choses entre le surnaturel et sa fabrication, se rappelant qu'à tel ou tel moment, il avait cru reconnaître sa belle-mère Jocelyne ou la détestable Odile sous les traits des divinités qui finissaient par apparaître après d'interminables prières, réfléchissant enfin à cette bulle dont on enveloppait l'enfant cosmique et à l'accoutrement bizarre et grotesque qu'on lui imposait. Jacqueline, à qui il ne pouvait plus confier ses doutes sans qu'elle le sermonne, devenait peu à peu suspecte. Son père lui avait-il imposé cette femme pour mieux l'asservir? Quand il se mit à la considérer comme un espionne et une geôlière le gardant enchaîné à son père, c'en fut fait de sa relation avec elle. La seule idée de la frôler lui devint tout à fait insupportable.

Toute sa vie lui apparaît maintenant sous un jour nouveau. Sa foi ne tient plus qu'à la crainte de voir son père lui couper les vivres ou, pis encore, lui flanquer une raclée. Élie a toujours eu une peur bleue de son père, et même s'ils ont maintenant à peu près la même stature, il n'en est pas moins craintif. Est-ce le fait d'avoir vu si souvent Jo plus grand que nature à cause des éclairages, brandissant au-dessus des têtes pieusement courbées l'énorme épée de Cagliostro? Élie le regarde encore comme s'il s'agissait de ce Dieu vengeur que les images anciennes nous montrent crachant le feu par les naseaux. Cette lettre anonyme a vaincu ses dernières hésitations. Élie veut savoir qui est son père. Un gourou respectable ou un sale tricheur?

Quelques jours après son arrivée, profitant du fait que Jo et Jocelyne sont à Jérusalem avec une demi-douzaine de membres aspirant au troisième degré de l'Ordre, Élie entreprend une fouille systématique de la maison de Plan-les-Ouates. Composée de deux grandes ailes, la maison est immense et conserve plusieurs caractéristiques de sa destination originale. Longtemps propriété des Chevaliers de Malte, elle possède plusieurs fenêtres décorées de vitraux et un je-ne-sais-quoi de religieux se dégage de la plupart des pièces. À part Jo et Jocelyne, ses habitants n'en connaissent pas vraiment les aires, car plusieurs coins leur sont interdits. On encourrait les foudres du maître si on s'y aventurait. La mission d'Élie est d'autant plus périlleuse qu'on a laissé Odile en charge de la maison. À la demande d'Élie, Toni et Nikki la retiennent longuement sous prétexte de faire des retouches au costume qu'elle porte au cours des cérémonies pour personnifier Marie l'Égyptienne. Armé du trousseau de clés que Jo garde dans son secrétaire, Élie fouille en vain le sous-sol. Avant de remonter, il s'arrête devant une lourde porte à l'épreuve du feu sur laquelle on a collé une affiche «Danger - haut voltage» achetée dans une droguerie. Il finit par trouver la clé et la déverrouille.

Après avoir repéré le commutateur, il allume et sursaute en apercevant une colombe blanche dont la tête est surmontée de six rayons. Elle est en carton-pâte comme le soleil doré qui pend à côté et le croissant de lune que des paillettes dorées font briller. Ces symboles, Élie les a vus apparaître à plusieurs reprises, accompagnés d'éclairs, de rayons lumineux ou d'effets «cosmiques». La pièce est froide et humide et devait servir jadis de cave à vin si on en juge par le thermomètre et l'hygromètre à moitié rouillés accrochés à une poutre. Suspendus à des cintres, se trouvent tous les costumes portés par le Baphomet, Manatanus, saint Bernard, Moïse, Hugues de Payns et Jacques de Molay au cours de leurs propres apparitions dans les cérémonies. Élie ouvre un coffre où il reconnaît le saint Graal, la fourche de Lucifer, toute une panoplie de croix templières, un encensoir, un calice et d'autres babioles qui paraissent bien ternes dans cet environnement poussiéreux. Derrière le coffre, accrochée à deux clous par la poignée, la fameuse épée que Giuseppe Balsamo a léguée à Jo et qui a toujours fait une forte impression sur Élie. Il la décroche, l'examine et constate que monsieur le comte de Cagliostro, mort à Palerme en 1795, l'a fait fabriquer à Tolède en 1969, date gravée sur la poignée damasquinée, et l'a munie d'un dispositif de flash électronique «made in Japan». Si ce fourbi de carnaval ne lui rappelait pas le souvenir de tant de veilles pénibles passées à prier, Élie poufferait de rire.

Ce soir-là, Élie raconte tout à Toni et à Nikki qui le considèrent presque comme leur propre enfant. Fidèle à son habitude, Toni reste muet comme une carpe. À mesure qu'Élie énumère les articles trouvés dans la cave, la pauvre Nikki, blanche comme un mouchoir, ne cesse de hocher la tête en soupirant.

– Je ne peux pas croire tout ce que tu dis, Élie. *It's too much... really too much!*

Quand Toni finit par demander à Élie ce qu'il compte faire maintenant, celui-ci, qui avait déjà un pied dans la porte, hausse les épaules et part sans répondre. Après son départ, Nikki demande à Toni ce qu'il pense de tout cela. Croit-il que Jo raconte des salades, qu'il n'a pas vraiment toutes ces visions? Et cette épée? Elle ne vient donc pas de Cagliostro? Lui aussi ne répond que par un haussement d'épaule.

– *Please, Toni, speak up! Tell me what you think.*

Songeur, encore sous le choc de la visite d'Élie, il finit par répondre qu'il vaudrait mieux partir.

– *Where? Where do you want to go?*

– Loin, le plus loin possible...

Nikki ne pose pas d'autres questions. Elle sait qu'elle ne tirera rien de plus de cet homme qui se meut à la lenteur d'une masse tectonique.

25

Un malheur n'arrive jamais seul. Le doute s'est infiltré aussi du côté du lac de Morat, chez Bruno et Rose-Marie. Le pauvre homme n'arrive plus à fermer l'œil. La nuit, il s'assoit dans son lit, s'appuie contre deux ou trois coussins et tâche de récupérer des forces en gardant les yeux grands ouverts. Dès qu'il les ferme, il est pris de vertiges; s'il a le malheur de bouger la tête un peu trop vite, il tombe dans le vide. Il a des nausées, vomit plusieurs fois par jour même s'il mange à peine. Au début, il réussissait à cacher ses malaises à Rose-Marie, mais cela n'a pas duré. Quand elle l'a vu s'écrouler alors qu'il se penchait pour lacer ses chaussures, elle a tout de suite compris que la guérison achetée à prix d'or n'était, en fait, qu'une rémission de quelques semaines.

Malgré les protestations de Bruno, trop timide et trop malade pour aller faire un esclandre à Annemasse, Rose-Marie ressort les souliers Dior et le costume Chanel. Quand elle entre, en coup de vent et sans gants blancs, dans le cabinet du docteur Jouret, elle est une lionne en furie. «Pourquoi, demande Luc calmement après avoir reçu une volée de bois vert, vous en prenez-vous à moi?» Si le mal s'est souvenu de

Bruno, c'est sûrement parce qu'elle, Rose-Marie, a oublié les règles d'hygiène qui l'avaient chassé. Rose-Marie proteste avec véhémence. Si elle n'a pas suivi personnellement toutes les prescriptions du docteur, son mari n'y a jamais dérogé d'un iota, elle peut le jurer. C'est au tour de Luc de hausser le ton. Mais que croit-elle, cette ganache? Qu'elle peut enfreindre les règles sans que son mari en pâtisse? Ce sont les vibrations négatives qui ont ramené ses symptômes, sûrement des vibrations engendrées par les écarts de Rose-Marie. Il n'y a qu'une issue: implorer la clémence des entités, faire appel, encore une fois, à la force de la prière de toute la communauté templière.

Une fois assise avec Bruno dans le superbe bureau de Jo, madame a perdu toute son arrogance. Il faut dire qu'elle s'est fait morigéner par son mari. S'il n'est pas si mécontent de la démarche qu'elle a faite auprès de Luc, il en veut à sa femme d'avoir mis en doute la probité de ces gens qui leur avaient fait assez confiance pour les admettre dans une cérémonie réservée aux seuls initiés.

Elle n'a rien vu encore, la Rose-Marie! Jo est beaucoup plus fin renard que son collègue. Il les a d'abord accueillis avec toute la froideur dont il est capable. Son regard hautain, sa démarche crispée, sa lèvre inférieure qui tremblote, même sa façon de faire frémir les extrémités de sa moustache, tout en lui révèle le profond mépris que lui inspirent ces personnes de peu de foi. Accompagnant son geste d'un soupir dédaigneux, il sort son chéquier d'un tiroir, le pose devant lui sur le sous-main et attrape sa grosse plume Mont-Blanc.

– Qu'est-ce que vous faites? demande Bruno, bien prêt s'il le faut à donner le reste de sa fortune pour que disparaissent ses insupportables malaises.

– Je vous rembourse! dit Jo sèchement. Je fais le chèque à quel nom?

Bruno s'affole et fusille sa femme du regard. Elle se lève et s'approche de Jo, contrite comme une couventine qui vient de commettre son premier péché mortel.

– Nous ne voulons pas d'argent, monsieur Di Mambro, nous voulons seulement la guérison de Bruno. Vous comprenez?

– Je fais le chèque à votre nom ou à celui de Monsieur? demande-t-il comme s'il n'avait rien entendu.

– S'il vous plaît, monsieur Di Mambro.

Jo prend une bouffée d'air qu'il garde un long, très long moment avant d'expirer bruyamment pour bien indiquer que l'on vient de pousser sa patience à la limite.

– D'accord, dit-il en fourrant son chéquier dans le tiroir. Rendez-vous cette nuit dans le sanctuaire!

Il se lève et sort en laissant la porte ouverte. Si Bruno pouvait étouffer sa femme sur-le-champ pour lui faire expier sa faute, il le ferait volontiers. Il n'est pas près de lui pardonner d'avoir humilié les deux seules personnes au monde capables d'avoir raison de son cancer.

Toutes les capes dorées présentes à Plan-les-Ouates, y compris Élie, assistent à cette cérémonie dont Bruno espère sortir guéri encore une fois. Brandissant sa grande épée à deux mains, Jo trace un cercle de protection au-dessus de l'assemblée. Bruno et Rose-Marie sont restés à l'écart comme on le leur a demandé. Le doute et les soupçons de Rose-Marie risquent fort d'avoir indisposé les entités.

– Cette nuit, dit Jo, notre cérémonie doit juguler les vibrations négatives d'une personne qui a perdu confiance en nous malgré que son mari ait déjà largement profité de nos énergies...

Rose-Marie veut mourir de honte.

– Nous le savons, poursuit Jo, les forces du mal sont de plus en plus agressives. Mais grâce à nous, rien, rien ne retiendra l'accomplissement de la justice céleste.

Un coup de tonnerre souligne ses paroles et une musique insoutenable et dissonante envahit le sanctuaire. Bruno est inquiet: la musique ne ressemble pas du tout aux lamentations entendues la première fois. Tout en s'accrochant au bras de sa femme pour ne pas être pris de vertige, il ferme les yeux afin d'être encore plus sensible aux vibrations positives. De sa voix forte qui se répercute en écho comme si elle avait été d'abord enregistrée, Jo reprend son oraison.

— Toi, Jacques de Molay, grand maître de l'Ordre, qui fut si scandaleusement renié par le concile de Clément V, apporte-nous ton secours et délivre-nous des hypocrisies de ce monde.

Une porte-miroir glisse sur ses gonds et Jacques de Molay lui-même apparaît vêtu de son armure de templier. Il est dans tous ses états et ses yeux terrifiants lancent des éclairs en direction des Kleist.

Élie n'en peut plus. Il s'esquive sans que personne ne le remarque et pénètre dans la petite salle de contrôle adjacente où il surprend Toni en plein travail. Assis à la console devant un miroir sans tain qui lui permet de voir tout ce qui se passe dans l'autre pièce sans être vu, il règle les éclairages, la musique, les bruits, les effets, les apparitions, enfin tout le spectacle.

— Ah! c'est toi le faiseur de miracles, s'écrie Élie. Je m'en doutais aussi.

— Fous le camp, Élie! lui ordonne Toni, contrarié par cette irruption inattendue.

Élie aperçoit Jacques de Molay, debout sur un tabouret, grima-çant devant un écran semi-transparent. Il pouffe de rire en recon-naissant sa belle-mère, Jocelyne, sous cette armure de fer-blanc.

— Va-t'en! dit-elle. Va-t'en tout de suite!

— Vous n'êtes que des imposteurs! crie Élie à tue-tête.

— C'est faux, Élie, dit Jocelyne en se débarrassant de son casque. Nous ne faisons que reproduire les visions de ton père.

— Voilà ce que j'en fais des visions de mon père.

Il pointe un majeur sacrilège en direction du ciel, puis, des deux mains, il se met à marteler la console. Avant que Toni ne réussisse à l'arrêter, il a déplacé plusieurs manettes et enfoncé toute une série de boutons. Le spectacle est foutu... Dans le dos d'Élie, une voix s'élève, tonitruante:

– Hors d'ici, scélérat! Fils ingrat!

Cette fois, il ne s'agit pas d'un rêve ni d'une vision. Bouffi de colère, brandissant son épée à bout de bras, Jo est accouru aussitôt qu'il a pu. Hors de lui, il assène du plat de la lame un terrible coup à Élie qui réussit à l'amortir en se jetant par terre. Voyant que Jo s'apprête à frapper de nouveau, Jocelyne pousse un cri d'effroi. Élie se relève et prend la poudre d'escampette, son assaillant sur les talons. Mais Jo ne va pas loin. Après avoir poursuivi le fuyard jusqu'à l'étage, il s'effondre sur un banc, secoué de spasmes, haletant comme quelqu'un qui va suffoquer.

Hystérique, Rose-Marie crie à l'imposture et réclame son argent pendant qu'Odile et Nikki viennent soutenir Bruno. Luc fait taire tout le monde d'un grand éclat de voix:

– S'il vous plaît, taisez-vous!

Pour le bénéfice de tous, Luc accuse Rose-Marie d'avoir introduit dans le sanctuaire des vibrations si maléfiques qu'il n'est plus possible de continuer la cérémonie.

– Sortez, Madame, ordonne Luc, afin que nous puissions implorer entre initiés nos frères anciens de conjurer le mauvais œil.

C'est en vain que Rose-Marie tente d'entraîner Bruno hors du sanctuaire. Il refuse carrément de la suivre. Elle regagne sa chambre seule, où elle attend patiemment le retour de son mari. Le lendemain matin, elle l'attend encore. Ne ressentant plus de malaises et n'éprouvant aucun symptôme de son «cancer du cervelet», Bruno décide, ce jour-là, de rester à Plan-les-Ouates et laisse repartir sa femme à la maison.

157

Comblé d'avoir été guéri encore une fois, Bruno choisira peu après de consacrer sa vie et ses énergies retrouvées à l'Ordre du Temple Solaire. Il ira même travailler à Sainte-Anne-de-la-Pérade et sa femme le poursuivra jusqu'au Québec, multipliant démarches et entrevues médiatiques dans l'espoir de rentrer en possession de son mari et de son argent. Elle n'obtiendra ni l'un ni l'autre.

Quant à Bruno, c'est sans trop d'efforts que Luc et Jo finirent par le convaincre que l'influence de sa femme lui était maléfique. Il s'en libéra pour de bon le jour où il contracta un mariage cosmique avec une initiée «faite pour lui». (Au cas où Bruno lirait ces lignes, tous les médecins consultés sont d'avis que ce brave paysan suisse des bords du lac Morat souffrait d'une simple labyrinthite, soit une inflammation du labyrinthe de l'oreille interne, causée le plus souvent par complication d'une otite de l'oreille moyenne.)

26

Cette nuit a sûrement été la plus mouvementée qu'on ait vécue à Plan-les-Ouates depuis que l'Ordre y a installé son quartier général. Quand Jocelyne et Dominique ont pu se libérer de la cohue qui régnait en bas pour accourir auprès de Jo, il les a repoussées brutalement malgré qu'il fût visiblement très mal en point. C'est Luc et personne d'autre qu'il voulait voir à ses côtés.

Luc a commencé par s'assurer que la vie de son ami n'était pas en danger, car il était de plus en plus inquiet à son sujet. Après avoir fait des gestes qui sont familiers à tous les médecins: pouls, pression artérielle, auscultation du thorax à l'oreille nue, il a conclu que calme et grand air suffiraient à le remettre d'aplomb. En soutenant Jo par le bras, Luc l'a emmené marcher le long de la route qui conduit à Sacconex. À cette heure de la nuit, elle était déserte.

Pour l'une des premières fois de sa vie, Jo prend conscience de sa vulnérabilité. Sans diplômes, sans grandes capacités intellectuelles, mais doué d'un rare pouvoir magnétique, Jo a fini par se croire invincible: une espèce de pharaon moderne entouré d'une famille nombreuse dont il est le maître incontesté. Ses moyens financiers actuels lui permettent d'être prodigue et d'acheter par des cadeaux princiers – la Porsche, par exemple – la sympathie de ceux que son intransigeance ou son ostentation dérangent momentanément.

D'un naturel plutôt enjoué, aimant divertir les autres, rire et s'amuser lui-même, il s'est facilement imposé comme chef. Cela a été si facile, de fait, qu'il n'a jamais appris à se méfier de son orgueil ni de sa vanité. Depuis qu'il peut compter sur la complicité des grands maîtres de l'invisible et sur l'appui indéfectible de certains fidèles fortunés comme Albert et Camille, depuis qu'il roule sur l'or, il n'a pas pris la peine de s'assurer que tout son monde était heureux et satisfait. Dominique, jadis si fidèle, est en train lui échapper, il le sent; Toni, qui avait l'habitude d'obéir au doigt et à l'œil, ronchonne de plus en plus; Thierry ne lui a pas pardonné de l'avoir séparé de Jacqueline et d'avoir confié ses enfants à Marie-Christine; ballottée entre sa mère cosmique et les autres qui sont chargées de veiller sur elle, Doudou se rebiffe parce qu'on l'habille en garçon. Elle s'est même permis de donner sur le tibia de Jo un sévère coup de pied cosmique quand il a voulu lui montrer à faire pipi debout comme un homme!

Tantôt encore, la lune répandait sur la route une pâle lumière mais le ciel s'est obscurci tout à coup. Maintenant il fait nuit noire. Est-ce un signe? C'est à peine si on distingue les bornes en bordure de la route. Transi, Jo se colle contre Luc qui le tient toujours par le bras. Jo le sent si désintéressé, si chaleureux, si soucieux de son bien-être qu'il est honteux de son propre égoïsme. Honteux d'avoir douté de Luc. Pourquoi Jo a-t-il craint que la notoriété dont il jouit le pousse à voler de ses propres ailes? C'est vrai que plusieurs membres qui ne l'aiment guère n'ont cessé de lui rapporter que Luc était arrogant, secret et intraitable, qu'il ne supportait pas qu'on le contredise ou qu'on le contrarie et qu'il donnait parfois l'impression de vouloir fonder une société concurrente. Foutaise que tout cela! En son for intérieur, Jo se demande s'ils ne sont pas, comme il l'est à l'occasion lui-même, tout simplement jaloux du charme irrésistible de Luc, de ses connaissances médicales approfondies, de la certitude qu'il montre quant à sa destinée et à celle de l'Ordre.

Et pourtant, malgré le désintéressement que Jo lui prête, Luc ne fait rien sans calcul. Même pas cette nuit. Jocelyne et Odile l'ont supplié d'envoyer Jo se reposer mais l'occasion était trop belle de montrer à ce dernier qui est celui sur lequel on peut vraiment s'appuyer quand frappe la tempête. Luc savoure tous les instants de cette promenade nocturne. Chaque pas en avant les éloigne du troupeau et les rapproche irrémédiablement l'un de l'autre, pense-t-il. C'est bien ainsi. Très bien même, car ils devront tous deux se retrouver en première ligne du «vaisseau cosmique» qui les transportera sur Sirius. Lorsque viendra le moment du départ, l'heure ne sera pas à la sensiblerie et à la sentimentalité. Ils pourraient être les deux seuls à atteindre l'immortalité s'ils ne réussissent pas à convaincre suffisamment d'initiés de faire partie du voyage. C'est la mort des initiés qui alimentera en carburant cette formidable équipée cosmique et Luc estime qu'au moins une quarantaine d'entre eux devront faire le sacrifice de leur vie pour permettre aux deux chefs d'atteindre Sirius. Les autres devront alors attendre l'avènement d'un nouvel ordre templier et le sacrifice d'éventuels initiés avant de rejoindre eux-mêmes Sirius.

Les deux amis ont franchi presque un kilomètre quand ils font demi-tour. Luc rompt le silence. Il avait vu venir la défection d'Élie, dit-il. Au Québec, il l'avait souvent mis en garde contre ses mauvaises fréquentations mais Élie n'était pas disposé à l'écouter.

— Jacqueline? Qu'est-ce qu'elle faisait, cette Jacqueline? lui demande Jo.

— Cette femme est comme une cruche vide, Jo. Plus personne ne l'habite. C'est une âme perdue. Il n'aurait pas fallu lui abandonner Élie.

Jo acquiesce, l'air coupable et impuissant. Il aura donc raté son coup avec ses trois enfants.

— Quelle importance? ajoute Luc, puisque nous ne pourrons pas les sauver tous de l'Apocalypse.

— Même pas Élie? demande-t-il, inquiet.

Luc n'ose répondre de crainte de le blesser, car il connaît les espoirs que Jo a mis dans ce fils bien-aimé. Luc délaisse le bras de Jo afin de lui entourer la taille en espérant que ce geste de sympathie lui fera oublier Élie et le peu d'espoir qu'ils ont de le sauver. Des phares de voiture éclairent subitement ce couple insolite qui marche dans la nuit. Le conducteur, qui les a aperçus au dernier moment, freine et donne un coup de volant pour les éviter avant de poursuivre sa route. Jo a eu tout juste le temps de reconnaître Jerry au volant de sa Mercedes et, à ses côtés, son fils Élie. Luc resserre son étreinte.

Quand Jo rentre de sa promenade, bien que le soleil soit levé et qu'on entende au loin la rumeur de la circulation matinale, Jocelyne est assise dans un fauteuil de leur chambre encore tout habillée. Elle l'a attendu et veut lui apprendre les dernières nouvelles, toutes mauvaises, ajoute-t-elle.

— Thierry veut nous quitter aussi.

Jo mâchouille la nouvelle quelques instants, lisse sa moustache, puis relève la tête.

— Thierry ne peut pas vivre sans moi. Il a abandonné son cabinet de prothésiste dentaire et il n'a pas un rond. Je le tiens, celui-là!

Jocelyne sait qu'il prendra beaucoup plus mal le départ d'Élie. Croyant qu'il l'ignore, elle réfléchit à la façon d'aborder le sujet. Jo la tire d'embarras en lui demandant où Jerry emmenait Élie.

– Chez son frère Christophe...

Une question brûle les lèvres de Jo qui n'arrive pas à la formuler tant il craint la réponse. Jocelyne ne lit pas dans le passé, mais elle arrive assez bien à deviner ce qui se passe dans la tête de son homme.

– Avant de partir, Élie m'a dit qu'il ne remettrait plus jamais les pieds ici. Il avait les yeux pleins de larmes.

C'est ce que Jo craignait. L'homme s'effondre dans un fauteuil et se prend la tête à deux mains.

Élie! Élie qui était devenu templier avant même d'avoir l'âge de raison. Le seul de ses trois enfants qu'il avait réussi à arracher aux griffes de sa mère, celui dont la tendresse, la sincérité et l'affection ne faisaient aucun doute.

– Élie, Élie, pourquoi m'as-tu abandonné? demande-t-il à voix haute, non sans savoir qu'il vient de répéter mot à mot le fameux cri du Christ mourant sur la croix, tel que rapporté par saint Marc et saint Matthieu dans leurs évangiles respectifs.

27

Delia et Gérard Dutoit habitent un appartement modeste dans un immeuble de l'avenue de Morgines à Petit-Lancy, près de l'aéroport de Cointrin à Genève. Chez eux, tout respire la bonté et la simplicité. La *mamma* veille au grain et s'occupe de tout. Pour éviter du souci à son mari, c'est elle qui s'inquiète pour Toni et Louisa, ses deux petits qui ont pourtant dépassé la trentaine. Elle aussi qui se fait du souci pour sa belle-fille Nikki à qui elle trouve tous les talents du monde. Si seulement Delia pouvait devenir grand-mère, son bonheur serait parfait. Chaque jour, elle prie le bon Dieu dans son paradis pour qu'il mette une idée dans la tête de ses petits enfants, celle d'avoir un bébé. Delia a la foi du charbonnier et c'est pour le rappeler à tout son monde qu'il y a des images religieuses dans chaque pièce. Même dans les W.-C., on peut méditer tout à son aise en lisant un poème de Khalil Gibran ou le célèbre *«Tu seras un homme»* de Kipling qu'elle a encadrés et fixés au mur.

Ce soir, Delia a préparé des pâtes aux tomates et du gigot d'agneau bien cuit comme on le mange dans son pays. Pour le dessert, il y a un *tiramisu* acheté chez le pâtissier. Il faut bien faire des frais quand les enfants viennent, ils viennent si rarement... Ils habitent à quelques kilomètres, mais le travail chez monsieur Jo les occupe beaucoup. Cet homme, d'origine italienne comme elle, est un vrai père pour ses petits. Elle lui voue le plus grand respect.

Après le repas, Gérard et Toni ont retraité dans l'autre section du séjour. Ils peuvent entendre les femmes restées à table pour jaser, l'une avec son accent chantant d'Italie, l'autre dans son franglais du Sussex. Elles parlent de tout et de rien mais leur bavardage vif et gai, entrecoupé de rires et d'éclats de joie, meuble si bien le silence des deux hommes qu'ils ont l'impression de parler eux-mêmes. Quand elles se rencontrent, Delia et Nikki alimentent des conversations-fleuve qui ont tout le temps de suivre leur cours. Le monde de Gérard et de Toni est, au contraire du leur, tissé de silence et de réflexion. Chez les Dutoit, c'est ainsi: on aime le bonheur simple qui sent la sauce tomate et le bon Dieu. Ce soir, si Nikki n'avait pas vu son homme regarder sa montre à quelques reprises et son beau-père somnoler doucement sur sa chaise, ce fleuve de tendresse coulerait encore.

– C'est moi qui l'annonce ou c'est toi? demande Nikki à son mari.

Il se contente d'un vague geste de la main et invite plutôt Nikki à le faire. Voilà bien du mystère pour Delia qui pâlit d'inquiétude. Serait-ce une mauvaise nouvelle? Quand il s'agit de sa famille, elle imagine toujours le pire.

– *Mamma* Delia, Toni et moi, nous voulons déménager au Canada...

Pauvre Delia! Elle est pâle comme un drap, les mots s'étranglent dans sa gorge et elle entreprend de se masser le sternum comme si elle avait peur que son cœur cesse de battre. Nikki jette un regard affolé à son mari. Elle savait bien que Delia n'accepterait jamais cette idée mais elle en veut surtout à Toni de ne pas lui avoir annoncé lui-même la nouvelle. Et maintenant que sa mère est sur le point d'étouffer, qu'attend-il pour la rassurer? Ce sont toujours les moins bavards qui se tournent la langue sept fois avant de parler, ils n'ont pas de mérite. Pendant que Nikki implore Toni en silence, Delia lance des regards désespérés du côté de Gérard, qui ne desserre pas les lèvres. Gérard est un sphinx toujours souriant, énigmatique, et ce n'est pas maintenant qu'il va se mettre à changer.

Avant que Toni ait pu prendre la relève de Nikki, Delia leur demande pourquoi cette décision si soudaine. Ne sont-ils pas heureux à Plan-les-Ouates? La Suisse leur pèse-t-elle à ce point-là? Laborieusement, bribe par bribe, Toni explique qu'il est temps pour eux de monter leur propre entreprise, qu'ils ont maintenant beaucoup d'expérience en peinture sur soie, dans la fabrication de vêtements de luxe et de bijoux, qu'il serait trop onéreux de créer une société en Suisse où tout est hors de prix et où la paperasserie est affreusement compliquée...

— Pourquoi ne pas vous établir en France ou en Italie? suggère Delia pour qui la Suisse n'est somme toute que l'antichambre de ces deux pays.

— C'est trop cher aussi, dit Toni. L'Europe, pour des jeunes comme nous, c'est fini. L'Amérique, c'est là qu'est l'avenir. Là-bas, on pourra faire des sous... on pourra même vous en envoyer.

— Des sous? demande Delia qui tombe des nues. Pourquoi nous envoyer des sous? Nous n'avons pas besoin d'argent.

Au moment de lancer la bombe qui vaincra toutes les résistances de sa mère, Toni ne peut s'empêcher de faire un sourire malin à Nikki.

— *Mamma,* Nikki et moi, nous voulons avoir des enfants!

L'effet est immédiat: les deux bras en l'air, les yeux exorbités, Delia remercie à tue-tête la *madonna* et le petit *Gesù*. Puis des sanglots lui secouent tout le corps et des larmes baignent son visage. Malgré ses airs de *mater dolorosa,* c'est dans le bonheur que nage la *mamma*. Elle étreint Nikki et, comme si sa bru était déjà enceinte, prend soin de ne pas trop la serrer.

Les effusions terminées, Toni souligne à ses parents qu'ils ne sont pas encore certains que Nikki soit enceinte. Ils doivent donc ne rien dire pour l'instant. Il fait la mise en garde à l'intention de sa mère, car il sait que Gérard ne commettra pas d'indiscrétion. Comment le pourrait-il? Ce qu'il dit en une année n'approche même pas ce que Delia raconte en une journée.

— Et ta sœur Louisa, je ne lui annonce pas non plus? demande Delia, déçue de ne pouvoir faire le tour du quartier avec la nouvelle.

— Jo ne le sait pas encore, laisse tomber Nikki, un peu embarrassée.

— Il faut lui apprendre tout de suite, répond vivement Delia comme si elle craignait que cette cachotterie ne finisse par leur jouer un mauvais tour.

— Tu as raison, *mamma,* tu as raison, dit Toni.

— Vous allez voir, je le connais, moi, monsieur Jo. Il va sauter de joie!

Depuis le temps qu'il est à son service, Toni a appris à connaître Jo. Quand il marche comme ça de long en large, qu'il ronchonne, qu'il se frotte les yeux sous ses verres, c'est qu'il est dans tous ses états. Si ça se trouve qu'il exhale de longs soupirs et porte la main à son cœur, terriblement oppressé, c'est qu'il tient à montrer qu'on est en train d'attenter à sa vie. Comment Toni, son fidèle serviteur depuis l'adolescence, a-t-il pu lui cacher qu'il avait l'intention de le quitter, surtout après le départ d'Élie dont il n'est pas encore remis? Passe encore qu'il se soit permis cette dissimulation, mais pourquoi avoir confié la nouvelle à ses parents d'abord? N'est-il pas plus important qu'eux? Après tout, qui est son véritable père? Gérard, qui l'a laissé quitter la maison à quinze ans, ou lui, Jo, qui lui a donné le gîte, trouvé une femme, qui l'a instruit de tout ce qu'il sait, qui a nourri son âme et son corps, qui a même poussé la confiance jusqu'à partager avec lui ses visions de l'au-delà, jusqu'à l'entretenir, lui et Nikki, de ses dialogues avec les maîtres de l'invisible?

– Maintenant qu'Élie est parti, mon véritable fils, c'est toi, Toni, ajoute Jo, avec des trémolos à faire fondre le plus dénaturé des enfants.

Voyant bien qu'il est au bord de gagner la partie, Jo en remet. Qu'y a-t-il donc de si attirant au Canada? N'ont-ils pas ici tout ce qu'ils peuvent souhaiter? Nourris, logés, vêtus, protégés des maléfices du monde? Dans les petits métiers qu'ils seraient aptes à pratiquer ailleurs, comment pourraient-ils côtoyer des notables comme ceux qui séjournent à Plan-les-Ouates, dans le Vaucluse ou au Québec: musiciens et chefs d'orchestre, hauts fonctionnaires, journalistes, financiers, maires, artistes?

Ah! si Toni savait parler. Il aurait dû emmener Nikki. Elle, au moins, aurait trouvé les phrases pour convaincre Jo. De peine et de misère, bégayant, cherchant ses mots, Toni finit par expliquer qu'ils n'ont pas l'intention de quitter l'Ordre. Ils veulent s'établir à leur compte pour pouvoir élever une petite famille. Ah! nous y voilà! semble dire Jo en hochant la tête, plus déçu que surpris. Il se laisse choir sur le récamier, pousse un long soupir et se compose un air de martyr, exactement comme Delia.

Au lieu de regarder Toni, Jo parle en direction du plafond comme s'il s'adressait directement aux entités:

– Le rôle que Nikki joue auprès de l'enfant cosmique est-il compatible avec une éventuelle grossesse? Dans l'exercice de ses fonctions, elle a bénéficié de ses vibrations en le touchant, en recueillant ses selles, en l'aidant à se vêtir, à se coiffer...

Jo ferme les yeux pour recevoir le *feedback* de là-haut, puis les rouvre et jette un regard menaçant sur Toni.

– En vérité, je te le dis, Toni, si tu mets ton plan à exécution, tu te débrouilleras tout seul. Je ne ferai plus rien pour vous et gare à Nikki si elle devient enceinte.

À ces mots, Toni fige de stupeur. Il n'a pas su éviter la question qui tombe entre eux comme une bombe.

– Est-ce qu'elle est déjà enceinte? demande Jo d'une voix blanche.

– Euh... peut-être. On ne sait pas encore...

Jo lève un doigt accusateur sous le nez de Toni qui recule, effrayé.

– Si c'est le cas, dit Jo d'un ton glacial, si Nikki est enceinte, les vibrations qu'elle transmet à l'enfant cosmique sont funestes et elles peuvent empêcher les prophéties de s'accomplir. Je vais voir Luc et nous vous indiquerons une clinique où elle pourra se faire avorter.

Ce soir-là, quand Nikki se colle contre Toni pour tenter de savoir comment s'est déroulée la rencontre avec Jo, il l'enlace solidement comme pour la protéger du destin. Toute la journée, il a réfléchi à ce qu'il allait lui dire, mais encore une fois, il n'arrive pas à parler. Nikki doit lui tirer les vers du nez.

– *He does not want us to leave?* demande-t-elle rongée par l'inquiétude.

– Non, non...

– Toni, s'il te plaît. Dis-moi la vérité.

– Jo veut que nous allions dans une clinique...

– *Why?* demande Nikki.

Toni tourne aussitôt la tête, incapable d'en dire davantage mais Nikki devine tout de suite.

– *I can't, Toni, I can't do that...*

– Nous n'avons pas le choix, Nikki.

Il a répondu la voix éteinte, puis il ferme les yeux comme pour oublier les conséquences funestes dont Jo a parlé. Nikki se met à trembler de tous ses membres, comme si elle faisait une soudaine poussée de fièvre. Toni resserre son étreinte. Même dans l'étau puissant de ses bras, elle continue de frissonner.

Au lieu d'obéir aux ordres de Jo, Toni et Nikki ont préféré faire leurs bagages et s'enfuir comme des voleurs.

Jamais les trois cents kilomètres qui séparent Genève de Zurich ne leur ont paru plus longs et plus angoissants. Toni conduit les yeux vissés sur la route, tandis que Nikki, tête appuyée contre la vitre, garde les siens mi-clos. Comme un film sans fin, le paysage défile interminablement. En bon Genevois qu'il est, Toni déteste Zurich. Il y vient rarement et l'atmosphère affairiste de la ville lui lève le cœur. Pour ajouter à son impatience, il rate l'autoroute pour l'aéroport de Zurich-Kloten et se retrouve à Wallisellen, typique labyrinthe de banlieue. Il va mettre une heure à s'en extirper.

Après avoir abandonné la voiture de location dans le parking et chargé leurs bagages sur deux chariots, Toni et Nikki s'arrêtent à la course au comptoir de Swissair au moment où on commence à distribuer les fauteuils encore libres aux passagers en attente. Les préposés les accueillent comme des chiens dans un jeu de quilles. Pour ne pas retarder le vol, on les envoie de contrôle en contrôle jusqu'à la porte de l'avion. Nikki a l'impression qu'ils sont chassés de Suisse comme jadis Adam et Ève furent chassés du paradis terrestre. Elle cherche le bras de Toni. Les voilà d'un seul coup boutés par le destin hors du *cocoon* si douillet qui les avait si bien protégés jusque-là.

28

Luc Jouret et Jo Di Mambro n'ont jamais cru au hasard. Les initiés qui les entourent n'y croient pas davantage, cela va de soi. On leur a bien assez rappelé que chaque destin est inscrit de toute éternité dans le grand registre cosmique et que la loi du karma est implacable. Comme le répète Luc dans chacune de ses conférences: «Si un individu a le malheur de s'incarner en Afrique, dans des pays de misère et de malheur, c'est parce qu'il a commis les pires vilenies dans ses vies antérieures. Nègre un jour, nègre toujours!»

C'est pourtant un incident fortuit (une stupide méprise de la police du Québec!) qui a permis de débusquer l'Ordre du Temple Solaire sur lequel, jusque-là, une quarantaine de capes dorées et quatre cent cinquante membres disséminés en Suisse, en France, au Québec, aux Canaries, en Martinique et aux États-Unis avaient été d'une discrétion exemplaire. À Hydro-Québec, par exemple, on ne savait rien de ces sept ou huit cadres supérieurs qui étaient en relation plus étroite avec les gourous de l'Ordre qu'avec les grands patrons de leur propre société. Au ministère des Finances, on n'avait que des éloges à faire sur celui qui dirigeait la commanderie du Québec et qui veillait sur le centre de survie de Sainte-Anne-de-la-Pérade. Dans une ville pittoresque de la rive sud de Montréal, un notable avait, en tant qu'homme d'affaires, le respect de toute sa clientèle et, en tant que maire, celui de tous ses échevins. Dans le secret et sous le nez de la Sûreté du Québec, dont le poste régional se trouve à deux kilomètres de chez lui, cet homme finançait pourtant les transactions immobilières de Jo et ses voyages intercontinentaux! Il a fallu qu'à la fin du mois de novembre 1992, un hurluberlu du nom d'André Massé, qui prétendait être le chef de l'organisation révolutionnaire «Q-37», téléphone à quatre membres de l'Assemblée nationale, le ministre Pierre Paradis et les députés Carmen Juneau, Roger Paré et Jacques Brassard, pour que tout éclate au grand jour.

L'homme menaçait de faire un mauvais parti au ministre de la Sécurité publique, Claude Ryan, si les Indiens Mohawks continuaient de faire la pluie et le beau temps. Au Québec, si la population est d'un naturel plutôt calme et indifférent, les chefs politiques, eux, s'affolent aisément, surtout ceux qui ont vécu la crise d'octobre 1970, alors qu'un diplomate britannique fut séquestré durant de longues semaines et que le ministre le plus influent du cabinet Bourassa fut lâchement assassiné en tentant d'échapper à ses ravisseurs.

Soixante, puis quatre-vingts agents très spéciaux de la Sûreté du Québec ont été mis sous la direction d'un homme au-dessus de tout soupçon, l'inspecteur Christian Perreault, afin de faire la chasse aux dangereux terroristes. Le budget? Illimité! Les moyens? Illimités aussi. L'inspecteur Perreault a même obtenu l'autorisation de mettre sur écoute téléphonique toutes les personnes qui lui sembleraient suspectes. Les services secrets canadiens ont prévenu Interpol, le FBI et la CIA de l'éventualité d'une attaque révolutionnaire contre le gouvernement légitime du Québec!

Or il se trouve qu'à l'automne de 1992, ayant pris l'habitude de venir au Québec chaque année pour l'été indien, Luc est à

Sainte-Anne-de-la-Pérade. Comme il est déjà libéré de Marie-France, sa dernière femme, Carole entretient l'espoir que ce sera bientôt son tour! Loin de fuir ses attentions, Luc multiplie les occasions d'en profiter. L'heure du transit approche et il doit s'attacher de manière indéfectible tous ceux qui lui font confiance.

Convaincu qu'il frappe à la porte de l'éternité et craignant d'augmenter les risques de voir «son corps dissous par la lenteur alchimique de la Nature» s'il prolonge son séjour ici-bas, redoutant en outre que Jo n'arrive pas à se libérer de ses liens terrestres, Luc a ourdi le dessein de partir seul. Il estime maintenant qu'une quinzaine de personnes devront s'immoler pour lui fournir l'énergie nécessaire au voyage. Pour réduire au strict minimum la quantité de carburant, il s'assure désormais que plus aucune parcelle de son corps ne sera laissée pour compte. Chaque parcelle qui n'aura pas été consumée pendant son existence terrestre devra rallier le «tout» au moment du départ pour l'éternité et cela requiert une grande quantité d'énergie. Chaque fois que Luc se rase, il secoue la tête de son rasoir au-dessus d'un mouchoir de papier afin de récupérer les débris. Il se taille aussi les ongles au-dessus d'un mouchoir dont il se débarrasse en le faisant brûler.

Luc se sait maintenant aimé de Carole. Quand celle-ci lui a coupé les cheveux, il a pu se rendre compte de tout l'amour qu'elle lui portait. Avant de commencer, elle a étendu un drap sur le parquet de la cuisine du centre de survie. Ensuite elle l'a replié avec soin et elle est allée le brûler avec son contenu sur un petit bûcher préparé à l'avance dans le jardin. L'observant par la fenêtre, Luc l'a vue déposer une mèche de cheveux dans un poudrier qu'elle a baisé pieusement avant de le remettre dans sa poche.

Il s'est tout de suite souvenu de sa mère, qui avait gardé dans un coffre à bijoux les belles boucles blondes coupées à l'âge de six ans sur ordre de son père, Napoléon. Carole lui vouant un culte comparable à celui de sa propre mère, comment pourrait-il douter de son dévouement et de sa fidélité? Même si cette mèche conservée dans un poudrier risque en bout de ligne de brûler un peu plus de carburant!

Cinq ou six personnes vivent ou travaillent en permanence au centre de survie de La Pérade. D'autres, comme Carole, y viennent pour se ressourcer, méditer et participer à la vie communautaire durant leurs vacances ou lorsqu'on les demande pour une cérémonie ou une conférence de Luc. Jusqu'à vingt-cinq ou trente personnes peuvent y passer un week-end. Parmi ceux qui demeurent au centre, Luc a remarqué Joël et Annie, un jeune couple dont le mariage remonte à l'année précédente.

Nez épaté, sourcils en broussaille, lèvres trop épaisses, teint boutonneux, Joël n'est ni beau ni très intelligent mais il a la carrure d'un athlète et il obéit au doigt et à l'œil. La foi brute! En plein la personne qu'on souhaiterait avoir comme garde du corps! Sa femme, Annie, n'a pas trente ans. Elle a encore une tête d'étudiante ébouriffée, studieuse et démodée. Aux yeux de Luc, c'est la femme idéale: elle est passionnée et entièrement dévouée à son mari. Ce qui ne gâte rien, c'est qu'elle est suspendue aux lèvres de Luc et le traite comme le plus grand des prophètes! Si Carole hésite un instant quand Luc lui demande ce qu'elle pense d'eux, c'est uniquement à cause de cet envoûtement d'Annie. Cela ne l'empêche pas, par ailleurs, de les recommander sans réserves l'un comme l'autre.

Un soir, après un repas frugal (quelques carottes rabougries, des betteraves dures comme des cailloux et des poissons des chenaux congelés, le tout apprêté sans art mais dans les règles), Luc profite du fait qu'il est seul avec Carole, Annie et Joël pour annoncer que certains devraient s'entraîner au tir.

– Joël va nous montrer, s'exclame tout de suite Annie avec enthousiasme. L'automne dernier, il a tué un orignal!

Restée sur son appétit à la suite de ce repas de misère, elle a cru qu'on pourrait profiter de la saison de chasse pour faire provision de gibier.

Baissant le ton comme si quelqu'un pouvait l'entendre dans cette maison vide et isolée du monde, Luc explique qu'il ne s'agit pas de chasse. Au moment du transit, les forces du mal essaieront de s'interposer. Les passagers pour l'au-delà risquent alors d'avoir à se défendre. Joël sait tirer à la carabine, soit, mais ce qu'il veut, ce sont des personnes sachant manier des armes plus discrètes. Puisque Annie et Joël doivent passer les prochaines semaines en Suisse, Carole se porte volontaire. Elle ne sait pas tirer mais elle apprendra. Pour s'assurer que Luc ne rejette pas cette idée, elle suggère le nom d'Hélène, qui pourrait suivre des cours avec elle. Annie propose alors la candidature de sa propre mère, que Luc connaît déjà puisqu'elle distribue ses œuvres au Québec. Après une brève discussion, l'affaire est réglée: Pauline, Carole et Hélène s'entraîneront au tir et montreront à Joël et à Annie ce qu'elles auront appris quand ceux-ci seront revenus. L'Ordre comptera alors cinq tireurs habiles. Entre-temps, Luc se fait fort de trouver des armes en téléphonant à Jean-Pierre, à Hydro-Québec. Grosse commande pour cet homme qui n'a jamais vu un revolver de sa vie!

Luc lui a demandé d'agir dans le plus grand secret, mais Jean-Pierre n'a rien trouvé de mieux que de transmettre la requête à Hermann Delorme. Agent d'assurances affable mais bavard, karatéka et sportif émérite, Delorme est membre de l'Ordre depuis moins de deux ans. Pris de court lui aussi, il passe la commande à Bernard Gileau, son élève au karaté:

— Il nous faudrait des revolvers avec silencieux, le genre d'armes capable d'atteindre une cible à dix mètres et qu'un homme d'affaires pourrait dissimuler facilement sur lui.

Pour rassurer son élève, Hermann ajoute que son groupe n'est pas violent mais déterminé. Il s'agit simplement d'être en mesure de se défendre au cas où quelqu'un voudrait les empêcher d'atteindre leur objectif. C'est bien plus qu'il n'en faut pour faire trembler ce pauvre Gileau, qui se rend tout de suite au détachement de la Sûreté du Québec de Cowansville afin de dénoncer ce groupe dont il est sûr qu'il a des visées terroristes. Le terrorisme, ce n'est pas la spécialité de la police de Cowansville, petite ville tranquille comme la rivière qui la baigne. Un agent enregistre la dénonciation de Gileau, puis relaie la cassette à ses supérieurs de l'escouade criminelle des Cantons de l'Est. À leur tour, ils s'en débarrassent en l'expédiant à l'inspecteur Christian Perreault, responsable de l'escouade spéciale formée pour lutter contre le Q-37.

Grâce à la candeur de Delorme, voilà tout l'Ordre du Temple Solaire dans le collimateur de la police!

29

Au printemps 1993, Luc fait venir les capes dorées du Québec à Sainte-Anne-de-la Pérade, où se tiendra un séminaire intensif. Durant trois jours, sous prétexte de prier pour conjurer les forces du mal, il tentera d'identifier les candidats potentiels pour son ultime voyage de groupe. Désormais, dans l'esprit de Luc, le temps presse. Tout ce qu'il fait, tout ce qu'il dit, tout ce qu'il entreprend tend vers ce but unique: *partir...*

Jo a, pour sa part, bien d'autres préoccupations. Trouvant que Dominique ne consacrait pas assez de temps à l'enfant cosmique, il l'a remplacée par une autre tutrice: Maryse, alias Jeanne de Toulouse, masseuse de profession et fille de Raymond VII, vit maintenant à Plan-les-Ouates avec sa fille Aude et s'occupe de Doudou. De son côté, livrée à elle-même, Dominique n'a rien trouvé de mieux à faire que d'écrire un livre ésotérique intitulé *Les cahiers de Sarah*. Ce livre est d'une telle bêtise que Luc le considère comme une insulte à son propre génie. À Hélène, il a strictement interdit de placer le livre à côté des siens dans sa librairie.

Jo aurait pu empêcher Dominique de l'écrire mais il ne pense qu'à dépenser, à boire et à manger dès que Luc a le dos tourné. Il vient d'acheter dans les hauteurs du Valais, à Granges-sur-Salvan, un domaine fort coûteux comportant trois chalets. Au mépris de son diabète et des terribles vibrations qu'émettent les aliments apprêtés par des mains hérétiques, il dîne presque tous les soirs dans les restaurants et les hôtels, ne se privant ni de vin ni d'alcool. Son comportement avec les femmes et son train de vie princier commencent même à faire jaser les bienfaiteurs de l'Ordre.

Par le fidèle Camille, Luc a appris qu'Albert Giacobino insiste pour que Jo lui rembourse une partie de ses dons et de ses investissements. Au Québec, toujours pour les mêmes questions de mauvaise administration, ça ne va guère mieux. Robert Falardeau et Joce-Lyne Grand'maison, qui est membre de l'Ordre et journaliste au *Journal de Québec,* ont refusé d'assister au séminaire organisé par Luc. S'ils se rendent à La Pérade, menace Falardeau, ce ne sera pas pour prier mais pour régler des comptes. Tout ça à cause de Jo!

S'il est vrai que les séminaires de Luc sont généralement tout le contraire d'une partie de plaisir, celui-là fut un véritable calvaire. Parce que la position des astres était défavorable, le séminaire a commencé par une interminable nuit de prières destinée à remettre un peu d'ordre là-haut... Durant les oraisons, Luc n'a pas cessé de parler de la mort. Parmi les pensées les plus inspirées qu'il a livrées cette nuit-là, certaines ont été enregistrées par Carole et nous sont restées: «L'homme prend conscience qu'il vient d'un élément de la vie et qu'il va vers une autre dimension de la vie. La mort apparaît donc à ce moment-là comme l'étape ultime de la croissance personnelle...» Quelques-uns des fidèles, dont Hélène, en ont eu froid dans le dos.

Au surlendemain de cette terrible nuit, les fidèles se réveillent en sursaut au son de ce qui semble être une explosion, une détonation ou peut-être un tremblement de terre. Joël et Carole sont les premiers sortis. Rien dans le paysage, ni de près ni de loin, ne semble avoir changé. Peut-être ont-ils rêvé. Ils sont sur le point de rentrer lorsqu'ils entendent une autre détonation, plus sèche celle-là. Comme un coup de canon. Luc, Richard et les autres Québécois qui assistent au séminaire sortent à leur tour et se mettent à scruter l'horizon dans l'espoir d'y trouver une explication. C'est alors que Joël constate que leur camionnette, une vieille guimbarde sans valeur, a disparu. Luc n'y voit pas moins un signe manifeste. Ces explosions, la disparition de la camionnette, tout semble indiquer que les forces du mal commencent à resserrer leur étau.

– Vous verrez, dit-il sur un ton prophétique, vous verrez...

Non loin du centre de survie, les forces du mal ont fait sauter le pied d'un pylône d'Hydro-Québec et en ont endommagé un autre. Si elles avaient été plus expérimentées, deux ou trois pylônes seraient tombés et une bonne partie du territoire du Québec aurait été privée d'électricité. Les forces du mal ont raté leur feu d'artifice mais la police a retrouvé la camionnette abandonnée dans un chemin forestier, un détonateur de dynamite sous la banquette. Pour être sûr de frapper un grand coup, l'inspecteur Perreault a attendu patiemment jusqu'au lendemain matin avant d'investir le centre de survie avec toute son armada antiterroriste. Le Q-37 n'a qu'à bien se tenir...

Pauvre Perreault! Les policiers ont effectué leur fouille et, à part quelques insignes de l'Ordre du Temple Solaire accrochés aux murs des chambres, ils n'ont trouvé rien de plus subversif qu'une carabine de petit calibre, tellement rouillée qu'on n'arriverait pas à y insérer un projectile. S'ils n'étaient pas passés sans la voir devant la porte secrète du sanctuaire, ils auraient pu découvrir une douzaine de houppelandes à capuchons, des pantalons de velours côtelé violet et des épées de carnaval gravées au nom des membres sur la lame et portant les initiales TS sur le manche. Cela ne les aurait guère avancés en ce qui concerne le Q-37, mais ils auraient peut-être mis moins de temps à découvrir à qui ils avaient affaire.

Perreault fait partie de ces inspecteurs de police que la série télévisée *Colombo* a beaucoup influencés. Dans la quarantaine avancée, pas plus choyé qu'il le faut par la nature, il se fait un devoir d'être mal rasé, de porter un costume défraîchi et de ne pas attacher son col de chemise. Avec un peu d'entraînement, il est même parvenu à loucher comme son personnage préféré, presque à volonté. Comme le personnage de Peter Falk, il s'efforce d'être *cool* en toutes circonstances. Ce matin, toutefois, en voyant ses hommes revenir bredouilles de leur fouille, il a bien du mal à contenir son impatience. Cela ne s'arrange pas davantage quand il se fait apostropher par l'un des prétendus terroristes.

— Auriez-vous l'obligeance, dit Luc avec son plus bel accent belgo-suisse, de nous dire enfin ce qui nous vaut l'honneur d'une visite aussi bruyante?

-Le *pick-up* rouge et noir, c'est pas à vous autres? demande Perreault à la cantonade au lieu de répondre à la question.

— Justement, on nous l'a volé, dit Hélène.

— Ah! mais bien sûr, on vous l'a volé! J'aurais dû y penser aussi... Et j'imagine que vous avez rapporté le vol, bien entendu. Il ne reste plus qu'à vérifier le rapport de police...

— Ça fait deux fois qu'on nous la chipe cette camionnette, l'interrompt Hélène, et on la retrouve tout le temps. Alors on n'a pas prévenu la police.

Perreault, comme son héros, n'est jamais surpris. Il est déçu...

— C'est embêtant ce que vous me dites là, fait-il remarquer en se grattant le front, parce que c'est un de mes hommes qui l'a trouvée. Avec un détonateur sous le siège. Le jour d'un attentat à la dynamite contre des pylônes d'Hydro-Québec, vous expliquez ça comment? Une coïncidence?

L'occasion est trop belle. Richard Landry, cape dorée et commandeur de l'Ordre au Québec, s'approche de l'inspecteur et se présente.

– Richard Landry, dit-il. Je suis conseiller au président d'Hydro-Québec, alors vous pensez bien que ni moi ni mes collègues ici présents ne s'amuseraient à faire sauter des pylônes. Nous sommes venus entendre le docteur Luc Jouret, que vous connaissez peut-être...

En entendant le nom, Perreault ne peut s'empêcher de tiquer. Il vient près de dire que s'il ne connaît pas personnellement le docteur Jouret, en revanche, il l'a déjà entendu parler, même plusieurs fois...

– L'écologie, l'harmonie avec la nature, reprend Luc avec insolence en s'adressant directement à l'inspecteur, ça vous dit quelque chose? Je sors régulièrement de Suisse pour venir dans ce lieu privilégié afin d'apprendre à ceux qui le fréquentent comment la nature peut nous sauver du chaos actuel...

Perreault se gratte l'occiput, ferme les yeux, inspire profondément. Comme si les paroles de Luc méritaient plus ample réflexion. Puis il rouvre les yeux, hoche la tête pour signifier que c'est tout réfléchi. Il se tourne vers Landry.

– Que vous travailliez à Hydro-Québec, ça ne change rien... Si j'étais suspicieux de nature, je dirais même que c'est une coïncidence plus incriminante qu'autre chose.

– Si vous croyez que j'ai quoi que ce soit à voir avec cette explosion, arrêtez-moi, monsieur. Arrêtez-moi sur-le-champ!

Le ton est péremptoire. L'attitude est franche, autoritaire. Perreault recule. Il sait bien qu'il n'a aucun motif d'arrêter ces gens, pour l'instant du moins.

– La prochaine fois que votre *pick-up* se fera voler, dit-il sèchement, faites donc un rapport à la police, ça vous évitera des ennuis.

Sur ce conseil laconique, il salue d'un geste de la tête et ordonne à ses hommes de quitter les lieux. En sortant du domaine, le convoi policier croise une voiture de presse. Perreault reconnaît ses occupants et leur barre la route. Il s'agit de

Paul Tourigny, un reporter de faits divers bien connu, accompagné de son photographe. Perreault leur dit qu'il est inutile de se rendre à cette maison, qu'il y a eu méprise de sa part.

— Je te raconterai tout ça à Montréal, lance Perreault à Tourigny avant de repartir.

Ce n'est pas pour rien que Tourigny est devenu une sorte de vedette dans son métier. Cet homme dans la jeune trentaine est têtu comme un âne. Il fait mine de suivre le convoi mais, dès l'instant où la voiture de Perreault est hors de vue, il retourne en direction du centre de survie.

Il faut croire qu'à cet endroit, on ne regarde pas souvent la télévision et qu'on ne lit pas les journaux. Toute vedette qu'il soit, Tourigny y est très mal reçu, de même que son photographe. Joël leur barre la route à plus de cinquante mètres de la maison. Le reporter insiste mais Joël se braque. Voyant que le photographe mitraille les lieux avec sa Nikon munie d'une longue focale, il la lui arrache des mains. Sans l'intervention d'Hélène, dépêchée par Landry qui ne veut surtout pas d'histoires avec les journalistes, Joël écrasait l'appareil-photo sur une pierre.

— Remets-lui son appareil tout de suite, ordonne Hélène.

— Il a pris des clichés, lui crie Joël! Il a pas le droit.

— On n'a rien à cacher.

De mauvaise grâce, Joël remet l'appareil-photo au photographe. Hélène s'approche de Tourigny et lui demande ce qu'il veut.

— Je suis Paul Tourigny. Je voudrais parler au propriétaire.

— À quel sujet?

— Le sabotage des pylônes d'Hydro-Québec.

— Nous n'avons rien à voir là-dedans, dit Hélène en haussant le ton. C'est une ferme agrobiologique ici et on est tous des gens paisibles. Fichez-nous la paix!

Hélène a tourné les talons et Paul la regarde marcher vers la maison. La sérénité, l'autorité et la beauté de cette femme l'ont troublé.

– Je pense que je viens de rencontrer la femme de ma vie, dit-il à son photographe qui en échappe son appareil.

Sitôt les intrus partis, Luc s'adresse à la communauté. Ces événements de la matinée l'ont galvanisé. Les explosions, la camionnette volée, la descente de police et l'arrivée de journalistes, toutes ces choses, dit-il, il les avait prévues.

– En vérité, je vous le dis, ce n'est pas un hasard. C'est un coup monté, une machination ourdie par les forces du mal pour nous compromettre...

Ses propos, moins prophétiques que carrément paranoïaques, tombent pourtant en terrain fertile. La plupart de ceux qui les ont entendus occupent des postes d'importance dans la société québécoise et ils n'ont aucun intérêt à se retrouver à la une des journaux. Ni comme saboteurs ni comme membres d'une organisation secrète.

– Pour conjurer les vibrations maléfiques qu'on a introduites dans notre demeure, il faut tout désinfecter, absolument tout: les murs, les meubles, les plafonds, les parquets...

Ce jour-là, si le ministre des Finances ou le président d'Hydro-Québec avaient vu ces membres de leur personnel en train de frotter à quatre pattes les parquets, les murs et les plafonds du centre de survie, les désinfectant au vinaigre et à l'eau de Javel, ils eussent sûrement cru que l'Apocalypse était proche. En cela, ils n'eussent pas pensé différemment de Luc Jouret lui-même!

30

Cette descente de police ratée à Sainte-Anne-de-la-Pérade fut en quelque sort l'élément déclencheur. À partir de ce jour, Luc s'enfonce résolument dans sa paranoïa. Convaincu qu'il a eu raison, eu égard aux derniers événements, d'acheter des armes pour la protection de l'Ordre, il ne lui vient pas à l'esprit qu'il a lui-même mis la police à leurs trousses en commandant bêtement l'achat des revolvers. Cause ou effet, cela revient au même: il a eu raison, il a toujours raison.

Les forces du mal, elles, se sont trouvé un allié en la personne de ce journaliste québécois auquel Hélène est allée parler après que la police a quitté les lieux. Luc est reparti d'urgence pour la Suisse mais il se tient au courant. Par Carole qui travaille au même journal, il a appris que Paul menait une sorte d'enquête parallèle à celle de la police. Puis il a su, toujours par Carole, qu'Hélène lui avait reparlé, qu'elle allait peut-être le revoir. Luc a donc téléphoné à Hélène.

– Surtout, il ne faut rien dire aux journalistes, lui dit Luc. N'oublie pas, il y a toujours une femme à l'origine de tout!

Et il a raccroché sèchement. Encore une fois, Luc serait l'homme le plus surpris du monde si on lui disait que c'est un peu à cause de lui que cette rencontre a eu lieu...

Malgré cette imitation permanente de Colombo qui le rend quelque peu ridicule, l'inspecteur Perreault est loin d'être bête. Il s'est vite rendu compte que les personnes rencontrées à La Pérade n'avaient pas des têtes de terroristes, mais il n'en reste pas moins que l'une d'entre elles est sur écoute policière depuis quelques semaines et qu'elle tient au téléphone des propos qui s'apparentent au charabia habituel des révolutionnaires. Sur l'une des bandes, qu'il fait écouter à Paul Tourigny, on entend Luc parler d'une voix monocorde de «la situation qui évolue très vite», de la mort à laquelle «il faut se préparer». Sur une autre, Paul a cru reconnaître une voix de femme, qui dit entre autres: «On a tout ce qu'il faut pour le tir... on a même déjà commencé à s'entraîner.»

– Cette voix, demande Paul, est-ce qu'on l'a identifiée?

– Pour l'instant, répond Perreault, on sait juste qu'elle s'appelle Carole.

Entre journalistes et policiers, c'est souvent donnant-donnant. En passant à la loupe les photos que le photographe a prises le jour de la descente, Paul remarque la silhouette d'une femme qui regarde dehors par l'une des fenêtres de la maison, son visage à demi-caché par un rideau. L'image est floue mais il n'y a pas de doute, c'est bien la Carole qu'il connaît.

À partir de là, contre une promesse de ne rien publier sans en parler à Perreault, Paul mène sa propre enquête. Il sait peu de chose au sujet de Carole mais il lui semble impossible que cette fille fasse partie d'un groupe terroriste! Elle n'a pas le profil, comme on dit. C'est une journaliste honnête et consciencieuse ainsi qu'une bonne collaboratrice. Il est vrai qu'elle voyage beaucoup depuis quelques années, et qu'elle s'absente pour de longues périodes. À tel point qu'elle a dû se défendre contre la direction qui a déposé un grief contre elle à cause de ses absences répétées.

Comment cette fille timide et réservée aurait-elle pu devenir une terroriste? Depuis qu'il a vu Perreault au quartier général, c'est à cette question que Paul tâche de trouver une réponse mais il a fini par comprendre que cela ne le mènerait à rien. Il pense comme un policier, pas comme un journaliste. Que la police cherche des terroristes si elle veut, c'est son affaire! Paul n'a pas besoin de s'embarrasser de cette hypothèse. La vraie question est:

— Que faisais-tu, Carole, à Sainte-Anne-de-la-Pérade, avec Luc Jouret et les autres?

— Qui, moi?

Carole a failli s'étouffer avec son café. Quand Paul lui a donné rendez-vous dans ce bistrot branché de la rue Saint-Denis, elle s'est douté qu'il serait question de Jouret. Après tout, n'a-t-elle pas publié une série d'articles retentissants à son sujet il y a quelques années? Elle a cru qu'il cherchait simplement à en savoir plus sur ce qui se passait à la ferme de La Pérade.

— Qu'est-ce que tu racontes? Mon pauvre Paul, tu passes beaucoup trop de temps avec les policiers. T'es complètement en dehors de tes pompes.

Elle va se lever pour partir quand Paul lui met la photo sous le nez.

— Eh! prends pas les nerfs, fait-il en riant, rassieds-toi. Je n'ai rien contre toi.

Carole se rassoit et regarde la photo agrandie sur laquelle elle apparaît en gros plan. Quand elle relève la tête vers Paul, son visage est si dur qu'il en a froid dans le dos.

— Qu'est-ce que tu veux au juste, Paul Tourigny?

— Relaxe! Je te jure que je dirai rien à personne. J'aimerais seulement savoir qui est cette fille à qui j'ai parlé à La Pérade.

— Pourquoi? Tu veux l'emmerder elle aussi?

– Pas du tout, au contraire. Écoute, je suis sérieux. Je te jure que j'ai eu un coup de foudre en la voyant.

– Un autre?

– Oui, un autre, dit-il.

Il a l'air si sincère qu'elle n'en croit pas un mot.

– De toute façon, si tu ne veux pas me le dire, je la trouverai bien sans toi, conclut-il d'un ton faussement résigné en remettant la photo incriminante dans son porte-documents.

Carole réalise qu'elle n'a rien à gagner à ce jeu de cache-cache. Aussi bien cracher le morceau.

– Elle s'appelle Hélène Évrard. C'est la gérante de la Librairie du Soleil.

– La Librairie du Soleil, c'est une librairie ésotérique, non?

Paul se souvient tout à coup d'un confrère à la télévision de Radio-Canada, Pierre Tourangeau, qui a fait des reportages sur l'infiltration des sectes et autres groupes ésotériques au sein du personnel d'Hydro-Québec. Une secte! Mais quel serait leur intérêt de saboter une ligne de transport d'énergie?

– C'est où la Librairie du Soleil?

– C'est dans les pages jaunes, répond Carole en prenant congé.

Elle ne va pas tout lui dire, quand même!

Lorsqu'il entre à la Librairie du Soleil, quelques minutes après avoir quitté Carole, Paul est attendu. Il est étonné que la libraire le reconnaisse aussi rapidement. Tout en causant, il se promène entre les rayons de livres pour se donner une contenance. En voyant tous ces ouvrages ésotériques, l'hypothèse de la secte lui semble maintenant si plausible qu'il pose la question directement. Hélène éclate de rire. Pourquoi une secte ferait-elle les frais d'une ferme agrobiologique de l'importance de celle de La Pérade?

– Vous pouvez me faire confiance, dit Paul en la regardant dans les yeux, des yeux qui sont de la même couleur que ceux de Luc.

Hélène ne répond pas. Elle se souvient de la prophétie que Luc lui avait faite sur le bateau qui descendait le Nil, il y a long-temps déjà: «Un jour, tu rencontreras quelqu'un et le guideras vers sa plénitude spirituelle.» Depuis qu'elle a vu Paul à La Pérade, son visage s'est imprimé dans sa tête. Elle a l'impression de l'avoir déjà rencontré. Quand ils étaient jeunes, peut-être, ou dans une autre vie, dans un autre siècle? Jo aussi lui a souvent parlé de cet homme que les entités feraient un jour entrer dans sa vie. *Et si c'était lui?*

— J'ai dit que vous pouviez me faire confiance, répète Paul en touchant la main d'Hélène pour attirer son attention.

Elle sursaute.

— On peut faire confiance aux journalistes? demande-t-elle avec son sourire moqueur.

— Vous faites bien confiance à Carole, vous.

— Je lui fais confiance comme amie, pas comme journaliste.

Cette fois, Hélène a rougi. La vérité, c'est qu'elle fait de moins en moins confiance à Carole, pas plus comme amie que comme journaliste. Ces derniers temps, celle-ci est devenue pour Luc ce que Jocelyne est pour Jo: des oreilles et des yeux qui ob-servent, enregistrent et font rapport quotidiennement. Pas plus tard que tout à l'heure quand Carole l'a appelée pour la mettre en garde contre la visite du journaliste, Hélène a eu le malheur de dire qu'elle lui avait trouvé des airs de ressemblance avec Luc. Carole a paru indignée: «Comment oses-tu faire des comparai-sons pareilles? Luc est un grand prophète, peut-être le plus grand depuis Jésus. Paul est un petit journaliste de faits divers: un tom-beur de femmes, menteur et immature. Comment peux-tu hésiter entre un génie et un minable?»

Lorsque Paul demande à Hélène à brûle-pourpoint si elle accepterait d'aller dîner avec lui un de ces soirs, c'est comme si elle avait déjà choisi.

— Peut-être... vous n'avez qu'à m'appeler pour savoir...

31

Le soir même, Paul et Hélène dînent au *Paris,* un restaurant de la rue Sainte-Catherine à Montréal. Hélène avale la dernière bouchée d'une délicieuse brandade de morue comme en faisait sa grand-mère en Normandie. Paul a mangé la sienne avec moins d'appétit, n'étant pas amateur de poisson.

Bien qu'ils éprouvent une attirance mutuelle, la conversation est difficile. Assis face à face, pareils à deux joueurs d'échecs, l'un avance son pion, l'autre le pare, aucun ne voulant risquer une pièce maîtresse. La partie durerait encore si Paul n'y était pas allé d'un coup d'éclat:

— Je sais que vous faites partie d'une secte qui s'appelle l'Ordre du Temple Solaire.

Au lieu de renverser l'échiquier, au lieu de répondre que ça ne le regarde pas et de se lever pour partir, elle reste là, muette et subjuguée. Quelque chose la retient: la conviction que cet homme lui est destiné. Malgré ses trente ans, Paul a encore l'air d'un gamin. Il a des cheveux châtains qui lui tombent sur la nuque et des mèches rebelles qui lui barrent le front. Quand il rit – et il rit souvent –, ses dents très blanches mettent en valeur ses lèvres charnues. Ses yeux pétillants la regardent avec déjà un brin de tendresse et il a cette manie affectueuse de lui toucher la main pour retenir son attention.

– Pourquoi dites-vous ça?

– Si on se tutoyait?

Hélène n'a qu'une légère hésitation avant de reprendre sa question.

– Pourquoi dis-tu ça?

– Je suis journaliste, répond-il en souriant. En général, je suis bien informé.

En réalité, c'est l'inspecteur Perreault qui est bien informé. Paul l'a rencontré en sortant de la Librairie du Soleil. Vérifications faites, la plupart des personnes qui sont sur écoute téléphonique font partie de l'Ordre du Temple Solaire.

– Ce n'est pas une secte, répond-elle. C'est... c'est une sorte de groupe de croissance personnelle. Grâce au groupe, je suis en harmonie avec moi-même et avec le monde. C'est déjà pas mal, non?

Paul n'est pas convaincu et, pour tout dire, il a l'impression d'avoir mis Hélène échec et mat un peu trop facilement. Il la contemple, sceptique.

– Je suis loin d'être seule à y avoir trouvé la sérénité, vous savez. Parmi nous, il y a des artistes très connus, des hommes d'affaires, des médecins, des fonctionnaires...

– Un conseiller spécial du président d'Hydro-Québec, enchaîne Paul avec désinvolture.

– Comment le savez-vous?

– Je te l'ai dit: je suis journaliste...

Elle réfléchit un instant comme si elle se demandait jusqu'où elle peut aller. Puis elle dit que dans le groupe, l'important c'est de trouver la vérité, l'absolue vérité.

– La vérité et rien que l'absolue vérité, levez la main droite et dites: «Je le jure!», fait Paul en plaçant solennellement la main sur le menu.

Hélène éclate d'un grand rire. Le rire le plus franc qu'elle ait eu depuis longtemps. Paul a tout le temps d'admirer ses dents blanches, droites et bien serrées, sauf pour un espace entre les incisives du milieu qui lui donne un air coquin. Paul est séduit par ce visage qui s'épanouit devant lui, qui respire la douceur et l'harmonie.

— T'es vraiment pas une femme comme les autres! s'exclame-t-il avec admiration.

À la fin du repas, on passe du coq à l'âne, du travail de Paul au père d'Hélène, de sa mère qu'elle ne voit plus à celle de Paul, mais l'esprit du jeu n'est plus le même: les deux prennent plaisir à faire traîner les choses, à déplacer les pièces distraitement sur l'échiquier. Plus personne ne veut gagner de peur de déplaire à l'autre.

Paul habite aux Verrières, à l'Île-des-Sœurs, un appartement entièrement vitré. Par les fenêtres de cet aquarium, à cette heure tardive, on aperçoit d'un côté les feux de la ville et, de l'autre, le trou noir du fleuve Saint-Laurent. Hélène a l'impression de rêver. Ou bien c'est le reste de sa vie qui n'était qu'un rêve...

Paul est là, juste à côté, qui lui sourit. Il a retiré sa veste, détaché son col et sa cravate. À l'aide d'un tire-bottes, il a enlevé ses bottes de cowboy qui le grandissaient de quelques centimètres. Il paraît ainsi moins athlétique, moins fier, plus fragile aussi.

Depuis qu'ils sont dans l'appartement de Paul, la joute est devenue tout à fait banale. Les mots qu'ils échangent ne signifient plus rien, tout juste servent-ils à meubler le silence. Ni l'un ni l'autre n'a baissé sa garde et pourtant ils viennent d'entrer dans la chambre à coucher, mine de rien, sous prétexte qu'on peut y voir la croix illuminée du mont Royal. Ce n'est pas la première fois qu'Hélène se déshabille devant un homme, mais elle est pudique. Parce qu'elle lui demande, Paul éteint la lumière. Il s'étend sur le lit sans se dévêtir et ferme les yeux. Il entend le bruit que fait en s'ouvrant la fermeture éclair de son chemisier, le bruissement de sa jupe qui glisse sur ses bas de nylon, le déclic du soutien-gorge qu'elle dégrafe sans l'enlever.

— Je pense que je t'aime déjà, dit-il dans un souffle en la voyant s'asseoir au bord du lit.

Sans répondre, elle s'allonge en lui tournant le dos. Il reste un long moment sans bouger, retenant son souffle, dans l'attente d'un geste, d'un signal. Ce signal, quand il vient, prend la forme d'un soupir. Paul se tourne vers elle et effleure cette peau blanchâtre, plus douce que de la soie; il en respire le parfum subtil puis, ne percevant aucune résistance, du bout des lèvres, il embrasse une oreille d'Hélène. Cette lente exploration, tout en délicatesse et en douceur, embue de larmes les yeux d'Hélène. Le désir surgit en elle. Elle le laisse monter, se tourne et étreint Paul avec une force dont il ne l'aurait jamais cru capable.

Il n'y a plus aucun doute dans son esprit: *c'est bien lui qu'elle attendait...*

32

À quelques kilomètres de Salvan, en Suisse, dans les hauteurs du Valais, Les Granges est un bourg minuscule attaché à plus de mille mètres d'altitude dans l'un des endroits les plus fermés des Alpes. Le domaine de Jo se trouve à un jet de pierre de ce village desservi par une route de col le long de laquelle on peut encore apercevoir des croix de la passion érigées jadis pour protéger les voyageurs des périls de la montagne. Les trois chalets du domaine – un investissement d'un million et demi de dollars U.S. – dominent des frondaisons de hêtres et de sapins. Deux des chalets sont baptisés «Les Roches de Cristal». Jo habite le premier avec sa femme Jocelyne et l'enfant cosmique et Dominique est seule dans le second. À Maryse et à sa fille Aude, Jo a cédé «Le Revé», le plus modeste des trois.

Luc a tout de suite détesté ce lieu inaccessible comme un nid d'aigle. Il faut dire qu'il faisait tempête la première fois qu'il s'y est rendu. À cause du mauvais temps, Jo lui avait demandé de faire en taxi le trajet de l'aéroport de Genève jusqu'à Martigny, la ville la plus proche. Ces cent kilomètres franchis à pas de tortue dans la neige et le brouillard furent presque une sinécure en comparaison des dix kilomètres de route en lacet qui séparent Martigny de Salvan. Heureusement que le brouillard collait aux vitres de la nouvelle Citroën XM de Jo, car Luc serait mort de peur en voyant les précipices au bord desquels serpentait cette route glacée. Pour couronner le tout, croyant peut-être lui faire plaisir, Jo l'a invité à partager le chalet de la reine Dominique, sa plus récente rivale en littérature ésotérique!

Au cours d'un tête-à-tête avec elle, Luc a appris comment elle a réussi à revenir dans les bonnes grâces de Jo. Deux ans auparavant, elle avait fait la connaissance de Patrick Vuarnet, le fils du célèbre champion de ski français, Jean Vuarnet. Tous deux s'étaient plu tout de suite et se voyaient encore de temps à autre. Grâce à ces fréquentations, Patrick et sa mère Édith étaient devenus membres de l'Ordre au plus haut niveau. Ces deux adhésions spectaculaires arrivaient à point nommé car les Vuarnet avaient des sous et une réputation internationale. C'est donc pour remercier Dominique de cette belle prise que Jo lui avait donné l'autorisation de revenir vivre en Suisse auprès de sa fille.

Pour la première fois depuis qu'ils se connaissent, Jo est mal à l'aise en présence de Luc. D'abord, parce qu'il a abandonné la belle maison de Plan-les-Ouates sans lui en parler. Et puis, craignant que le docteur Jouret se rende compte à quel point sa vue a baissé, il évite de lui parler seul à seul; il a aussi du mal à marcher, et de peur que Luc s'en aperçoive, il reste assis presque toute la journée en sa présence.

Luc n'est pas dupe. Par un matin ensoleillé du mois de mars, il réussit à le convaincre de faire une promenade avec lui. Au lieu d'emprunter la chaise mécanique qui dessert le chalet jusqu'au niveau de la route, Jo a préféré grimper les marches raides de l'escalier de pierre et de ciment. Sitôt rendu à la route, il souffle avec peine et porte la main à sa poitrine. Luc le regarde, inquiet.

– Ce n'est rien, lui dit Jo. C'est seulement que cet escalier est trop raide. Nous n'aurions pas dû le monter si vite...

Luc voit bien que Jo fait de l'angine. Il n'est pas sans remarquer non plus que son pas est devenu aussi lent que celui d'un vieillard. Après avoir franchi une centaine de mètres, Jo s'assoit sur un banc public en bordure de la route. L'air sombre, il se repose en contemplant la vallée. Le printemps a déjà commencé à dénuder le pied des hêtres, à faire naître des sources qui coulent des rochers et vont creuser dans les à-plats enneigés des flaques d'eau d'où s'échappe une fine vapeur. Évitant de parler de sa santé par crainte d'entendre un diagnostic qu'il refuse, Jo explique que les grands maîtres de l'invisible ont exigé qu'ils quittent Plan-les-Ouates. Selon eux, l'étau de la ville se resserrant sur la maison templière l'enveloppait d'ondes pernicieuses et de vibrations malfaisantes. Si le lieu était devenu défavorable sur le plan spirituel, il l'était aussi sur le plan humain. Jo tient la pollution responsable de ses difficultés respiratoires. Depuis qu'ils ont emménagé à Salvan, il a noté une nette amélioration de son état. Enfin, la montagne est plus propice à la prière et à la méditation. Le fait d'être plus près du ciel, sans doute.

Jo a beau se faire convaincant, Luc ne croit rien de ce qu'il raconte. Ce domaine dans les montagnes, loin de Genève, loin du lac Léman dont Jo a toujours dit qu'il ne pourrait plus s'en passer, c'est un exil. Luc est sceptique et il a bien raison. La vérité, c'est que Carlo et maître Wasser ont exigé que Jo quitte Genève où sa présence risquait de devenir gênante. Malgré toute la discrétion dont Jo fait preuve, les deux hommes craignent que celui-ci ne puisse leur être utile encore longtemps. La campagne, tout comme la neige, camoufle toutes les pistes! Sans les bénéfices que Jo tire des petits services qu'il rend aux «grands maîtres», il ne pourrait plus mener le même train de vie. Mais ces «dessous de table», c'est son jardin secret et il n'en parle jamais avec Luc.

– Tu as raison, dit finalement Luc après avoir soupesé toute l'affaire. Ici, nous sommes plus près du ciel et beaucoup plus loin des regards indiscrets. Nous pourrons organiser plus aisément notre transit vers Sirius...

Jo baisse la tête et courbe le dos comme s'il sentait tout à coup un poids énorme sur ses épaules. Le poids des ans, sans doute, et celui de ce voyage vers l'au-delà auquel il a toujours préféré ne pas penser.

Chaque soupir, chaque hésitation, chaque geste de Jo sont devenus pour Luc autant de brèches par lesquelles il découvre ses pensées.

– Il ne faut pas avoir peur de quitter ce monde, lui dit Luc. Parce que nous clamons des vérités que personne ne veut entendre, on ne cesse de nous tendre des pièges. Toutes les méchancetés et toutes les malices convergent maintenant vers nous...

Est-ce l'altitude? Est-ce ce soleil et cette neige qui frappent Jo comme un éclair dès le matin quand il tire les rideaux de sa chambre? Certains jours, il n'arrive plus à faire la part des choses: où est la vérité et où est le mensonge? Alors il réussit à s'étourdir par des acquisitions, celle de Cheiry en Suisse ou celle d'Aubignan en France. Comme ici à Salvan. Hélas ses noires pensées le rattrapent toujours. Ce personnage qu'il a si laborieusement édifié, cet homme que tout le monde craint et admire, que tout le monde croit et respecte, lorsqu'il le regarde dans la glace, il ne le reconnaît plus. Il ne voit ni Moïse ni Hugues de Payns, mais le visage vieilli d'un banal pêcheur en eaux troubles. Il a l'impression d'être emporté dans la spirale de ses propres mensonges.

Luc, qui l'observe avec inquiétude, perçoit sa détresse. Il s'approche, vient s'installer derrière lui et, du bout des doigts, entreprend de lui masser les tempes.

– Nous quitterons bientôt les hypocrisies et l'oppression de ce monde, Jo. Nous rejoindrons enfin notre demeure...

Une paix bienfaisante envahit Jo. Son cœur qui s'affolait ralentit son rythme. Le sang recommence à circuler jusqu'au bout de ses pieds qui le font souffrir. Jo applique les mains de Luc contre ses oreilles. Il les appuie si fort que c'est à peine s'il peut entendre ce que son ami lui dit:

– Tout s'absorbe dans la mort. Tout: la maladie, les peines, les échecs...

La gorge serrée, Jo se détend. Il s'en veut de n'avoir pas gardé Luc près de lui ces derniers mois. Il ne peut plus se passer de sa foi inébranlable, de sa certitude de détenir la vérité. Cette foi et cette certitude, elles feront se dissiper ses doutes comme le soleil fait fondre la neige dans la vallée...

33

Ce mardi matin 9 mars 1993, ce n'est pas le soleil qui frappe Jo comme un éclair mais la sonnerie du téléphone qui perce le silence. Carole, au bout du fil, veut parler à Luc. C'est urgent, dit-elle. Jo, qui ne peut pas transférer l'appel à son chalet, devine au ton de son interlocutrice qu'il se passe des choses graves. Il l'enjoint de parler, lui promettant qu'il fera le message à Luc. Carole lui apprend donc que dimanche soir, à l'aéroport de Mirabel, la police l'a arrêtée. Même si elle est libre maintenant – on l'a relâchée le lendemain – elle ne pourra venir rejoindre Luc comme elle le lui avait promis, car on a confisqué son passeport. Mais, plus grave encore, la Sûreté du Québec a arrêté Jean-Pierre et Hermann. Jean-Pierre pour complicité, semble-t-il, et Hermann parce qu'il était en possession de trois revolvers semi-automatiques munis de silencieux.

– Des revolvers! Mais qu'est-ce que c'est que cette histoire de revolvers? demande Jo, complètement hystérique.

– Comment, vous ne le savez pas?

– Non, non, crie-t-il en piaffant. Moi, depuis un certain temps, on ne me dit plus rien. Rien du tout!

– Luc vous expliquera, répond Carole, avant de raccrocher, apeurée par cette explosion de colère.

Jo s'effondre sur le canapé et commence à tousser sans pouvoir s'arrêter, se frappant violemment la poitrine pour essayer de calmer sa toux. Lorsque Jocelyne s'approche pour le faire boire, d'une taloche il envoie choir le verre d'eau sur le parquet.

– Va me chercher Luc tout de suite!

Jo a beaucoup de mal à avaler les premières explications de Luc.

– Si tu avais été au centre de survie de La Pérade quand les policiers sont venus, tu comprendrais. Ils sont arrivés sans avertissement dans leurs voitures blindées, toutes sirènes hurlantes. L'arme au poing, ils ont investi la maison, fouillé partout et tout viré sens dessus dessous. Ils avaient même subtilisé notre fourgonnette pour y cacher de la dynamite afin de pouvoir nous accuser de sabotage. Oui, ils ont prétendu que nous avions saboté une ligne à haute tension. C'est un complot contre nous, Jo. Une sombre mise en scène... Ils viennent d'arrêter Jean-Pierre et Hermann. Ils ont séquestré Carole. Peut-être l'ont-ils torturée pour la faire parler... Mais elle ne parlera pas, elle est forte et elle m'est entièrement dévouée. Jean-Pierre aussi est fort, mais je me méfie de ce Delorme. Je me demande s'il n'est pas un agent double à la solde des forces du mal...

– Mais que viennent faire les revolvers là-dedans, bon Dieu? Explique-moi!

Luc hoche la tête, hausse les épaules. Jo ne se rend pas compte! Les forces du mal sont déchaînées. On ne peut plus les contenir.

– Il va falloir nous défendre, reprend Luc. Maintenant que la police est à nos trousses, crois-tu qu'elle va se contenter de ces quelques arrestations? Nous serons les prochaines victimes. On fabriquera des preuves, on trafiquera nos conversations téléphoniques qu'on écoute déjà. On nous accusera d'extorsion, de subversion, de sodomie, comme on a accusé nos frères anciens. L'histoire se répète, Jo. Pense à notre frère Jacques de Molay! On l'a accablé des plus basses calomnies. On l'a accusé d'être homosexuel, hérétique et idolâtre puis on l'a arrêté et on a confisqué tous ses biens. C'est ce mois-ci, Jo, ce mois-ci que trente-six de nos frères sont morts sous la torture, il y a exactement six cent quatre-vingt-trois ans... Qu'est-ce qu'on doit faire? Se laisser tondre comme des brebis?

Toutes ces sombres prédictions laissent Jo sans voix. Durant les semaines qui suivent, il reste des journées entières enveloppé dans une couverture de laine, assis dans son fauteuil, le regard vide. De temps à autre, ses veines se glacent, il est secoué d'un frisson puis, lentement, il revient à la vie. C'est dans cet état de prostration que le trouve Luc, à la pointe du jour, ce 31 mars 1993. Dans son demi-sommeil, Jo a vu Luc s'avancer vers lui comme en rêve: pieds nus, les bras tendus, sa houppelande l'enveloppant comme un halo de lumière. On aurait dit qu'il flottait dans l'espace ou qu'il glissait sur l'eau comme un voilier qui rentre au port dans la lumière du matin. Lentement, Jo est sorti de sa torpeur. Luc, à ses côtés, lui parle doucement.

– J'ai passé la nuit à prier, dit-il, et j'ai eu une vision. J'ai vu les Sept Entités de la Grande Pyramide de Ghizeh quitter la Chambre Secrète, emportant avec elles le capital Énergie-Conscience des sept planètes fondamentales de notre système solaire. Toutes les calomnies, tous les mensonges et toutes les médisances à notre endroit ne feront que traduire, une fois de plus, le refus de comprendre et de pénétrer le Mystère de la Vie et de la Mort. L'espace est courbe, le temps s'achève, Jo...

Les événements des semaines suivantes vont donner raison à Luc. Les événements donnent toujours raison à Luc. Jean-Pierre et Hermann comparaissent devant le juge François Doyon et sont formellement accusés de trafic et de possession d'armes.

L'avocat Jean-Claude Hébert rejoint Luc à Salvan pour le prévenir qu'un mandat d'arrêt vient d'être émis contre lui. Rose-Marie, qui cherche encore à récupérer le don fait par son mari, raconte à la télévision et aux journaux du Québec qu'elle a été flouée d'un million de dollars. À Waco, au Texas, les *Davidians* de David Koresh sont traqués depuis cinquante et un jours par les forces du mal et choisissent de s'immoler par le feu pour leur échapper. Hydro-Québec congédie Jean-Pierre et le juge Jean-Pierre Bonin le condamne, lui et Hermann Delorme, à un don de mille dollars à la Croix-Rouge et à quatre et six mois de liberté surveillée.

Au domaine de Salvan, on vit dans l'angoisse et la consternation. C'est devenu un véritable univers concentrationnaire: plus personne n'ose sortir de crainte d'être suivi et on ne se sert plus du téléphone, puisque les lignes sont sous surveillance policière. Tout au plus se risque-t-on, lorsqu'il faut absolument faire un appel urgent, à utiliser un téléphone cellulaire.

— Tu vois bien que tout cela est une machination diabolique, explique Luc à Jo. Les foutus revolvers, qui les a refilés à Hermann? L'agent Daniel Tougas de la Sûreté du Québec et Jean-Marie Perreault, un membre du personnel civil de la Sûreté! Pendant ce temps, les Indiens Mohawks avaient un arsenal redoutable. On les a photographiés dans les journaux avec leurs fusils d'assaut et des mitraillettes, on les a filmés pour la télévision. Ont-ils été condamnés pour autant? Non! Ils n'ont rien eu, même pas une accusation...

Jo ne sait plus quoi penser. Il aurait besoin de se rendre à Zurich pour consulter les grands maîtres de l'invisible mais il ne peut courir un risque pareil. Leur silence lui devient insoutenable. Pourquoi n'envoient-ils pas un émissaire? Ils savent pourtant où le trouver.

Coincé au bout d'une route qui ne mène nulle part, d'où on ne peut même plus apercevoir la vallée derrière la frondaison des bois francs, Jo est un homme traqué. Il ne semble plus y avoir qu'une seule issue: l'au-delà. Mais il n'arrive pas à se résigner. Cette situation de prisonnier virtuel le mine, moralement et physiquement. Il a les nerfs à fleur de peau, il explose pour une vétille. Il a l'impression de marcher sur des aiguilles tant ses pieds le font souffrir. Mais ce n'est pas pour cette raison qu'il porte des chaussettes épaisses: c'est pour cacher ses orteils cyanosés. Deux fois déjà, il s'est réveillé en pleine nuit, baignant dans son urine. Mais toutes ces choses, Luc ne doit pas les connaître.

34

En juillet, l'avocat Hébert estime que Luc ne peut plus se défiler. Accusé d'avoir comploté pour se procurer une arme prohibée, Luc est sous le coup d'un mandat d'arrestation et il doit rentrer au Québec pour faire face à la justice. Sûr de son bon droit mais portant néanmoins un masque d'humilité, alléguant son ignorance des lois canadiennes, arguant qu'on a plusieurs fois cambriolé sa maison des Laurentides et qu'il a simplement senti le besoin de se protéger, Luc enregistre un plaidoyer de culpabilité. Il supplie toutefois le juge Louis Legault de ne pas lui imposer une sentence entraînant l'ouverture d'un casier judiciaire, ce qui l'empêcherait de pratiquer la médecine.

Le charisme de Luc fait merveille encore une fois. Touché par sa plaidoirie, le juge admet que l'accusé a démontré le besoin qu'il avait de posséder une arme pour se défendre et reconnaît que ses actes, comme ceux des deux autres accusés déjà condamnés, n'ont rien à voir avec le Q-37 ou avec toute autre organisation terroriste. Sa seule faute étant d'avoir ignoré les lois du pays sur les armes à feu, Jouret est condamné à une amende de mille dollars qu'il devra verser lui aussi à la Société canadienne de la Croix-Rouge! Un don, quoi!

Luc a sauvé les meubles mais l'Ordre a subi des dommages irréparables. À part le noyau dur constitué des capes dorées, les deux autres niveaux de membres sont décimés. Il en reste à peine cent cinquante! Richard Landry veut être remboursé de ses avances, Giacobino se fait plus pressant et Thierry, qui avait la charge du centre de survie d'Aubignan, a claqué la porte, poussant l'impudence jusqu'à brandir la menace de poursuites judiciaires; il réclame par son avocat un salaire équitable couvrant les années qu'il a vécues dans l'Ordre.

Lorsque Luc revient à Salvan, Jo est à Zurich. Il a été mandé d'urgence par les maîtres de l'invisible. Seul dans le bureau de maître Wasser, il vient d'entendre de sa bouche leur sentence. (Carlo porte bien son nom d'«invisible», aujourd'hui, puisqu'il n'a pas daigné venir rencontrer «son ami» Jo.) L'Ordre du Temple Solaire ne sera plus d'aucune utilité au Groupe Starlite. C'est un membre gangrené «que Carlo a décidé d'amputer».

Wasser s'amuse à tourner le fer dans la plaie. N'a-t-il pas prévenu Jo à chacune de ses visites que la discrétion était la première qualité exigée par Carlo? La discrétion et l'anonymat. Quelle sera leur marge de manœuvre maintenant que le nom de l'Ordre a fait la manchette des journaux et de tous les bulletins télévisés? Jo réplique:

– Il ne faudrait pas exagérer. L'affaire a surtout fait du bruit au Québec. Ailleurs, même ici en Suisse, elle n'a eu aucune répercussion.

Maître Wasser reprend, l'air sournois.

– Votre petit Calvin a tout de même été condamné...

Jo met quelques instants à réaliser qu'il parle de Luc. Il proteste.

– Condamné, c'est un bien grand mot. C'est une peine symbolique qui ne lui vaut même pas de casier judiciaire.

Maître Wasser sourit.

– Il a été plus chanceux que vous...

L'estime que Carlo lui porte, Jo l'a toujours mesurée à l'aune de ce Wasser. Il y a quelques années, quelques mois même, jamais ce dernier ne se serait permis un sarcasme pareil. Et il en rajoute.

— Vous auriez eu intérêt à l'excommunier plus tôt.

— Je pourrais sûrement vous être utile quelque part? lui demande Jo après un silence pénible.

La réponse n'est pas immédiate. Maître Wasser plisse les lèvres. S'il n'en tenait qu'à lui, Jo n'aurait droit à aucune indulgence. Mais Carlo lui a ménagé une porte de sortie. Wasser regarde Jo avec l'arrogance et le sans-gêne d'un policier qui peut tout se permettre puisque son vis-à-vis a les pieds et les mains liés. Après l'avoir fait languir, Wasser finit par lui laisser entendre qu'il pourrait rendre quelques services s'il s'installait en Australie...

Jo ravale sa salive. L'Australie! S'il ne portait pas ses éternels verres teintés, maître Wasser pourrait voir ses yeux qui s'embuent. En l'espace de quelques secondes, ses vêtements lui collent à la peau, il transpire à grosses gouttes. Ma parole, se dit-il, ils veulent m'achever! À la demande de Carlo, j'ai fait le sacrifice de la seule maison que j'aie jamais aimée, celle de Plan-les-Ouates. Et j'ai fait mes adieux à une ville que je chérissais pour aller me perdre dans des montagnes hostiles! Pour leur plaire, il faudrait maintenant que je m'exile à l'autre bout du monde?

— Vous n'êtes pas obligé d'accepter, monsieur Jo. C'est pour vous rendre service qu'on vous l'offre... mais si vous acceptez, il vaudrait mieux partir le plus tôt possible.

— C'est-à-dire? demande Jo.

Maître Wasser sourit, mais c'est un horrible rictus que Jo peut voir. Le rictus qu'avait Lucifer dans les manuels d'histoire sainte de son enfance.

— Sur-le-champ! finit-il par répondre.

Jo se lève et s'apprête à quitter la pièce quand maître Wasser lui fait une dernière recommandation.

– Notre invitation au voyage est strictement personnelle, monsieur Jo. Vous comprenez ce que je veux dire?

Pour toute réponse, Jo claque la porte en sortant.

35

Si maître Wasser a pris prétexte de la condamnation de Luc pour porter le coup de grâce aux relations de Jo avec les maîtres de l'invisible, au Québec, en revanche, cette quasi-absolution du juge Legault a fait taire toutes les mauvaises langues. L'inspecteur Perreault lui-même, qui voulait poursuivre son enquête et les écoutes téléphoniques, a été ramené à l'ordre par une déclaration publique du ministre Claude Ryan. Ce dernier a justifié sa décision en invoquant la charte des droits québécoise qui accorde pleine et entière liberté de pratique religieuse. Dans l'esprit de la majorité des gens, l'affaire était close. On n'entendrait plus jamais parler de l'Ordre du Temple Solaire.

Au journal, Carole a sauvé son job, mais elle a demandé, aussitôt le jugement rendu, un autre congé sans solde. Paul, tout comme l'inspecteur Perreault, a mis un terme à son enquête et rien de ce qu'il avait appris n'a jamais été publié. Il peut donc continuer de voir Hélène qui s'est empressée de lui présenter deux de ses meilleurs amis: Nikki et Toni Dutoit. À ce moment-là, Nikki était déjà enceinte de plusieurs mois.

En arrivant au Québec Nikki et Toni ont habité une modeste maison du chemin des Terrasses à Saint-Sauveur, dans les

Laurentides, avant de s'installer définitivement dans une maison plus vaste, au 1125, chemin de la Paix. En un rien de temps, le sous-sol a été transformé en atelier spécialisé dans la confection de vêtements de soie et de bijoux «mode» peints à la main. Jo, qui a gardé malgré tout une affection presque paternelle pour Toni, a fait la paix à sa façon. Il a confirmé les Dutoit dans leur rôle de fournisseurs officiels de houppelandes et de médaillons et leur a fait parvenir la liste des membres avec leurs mensurations. Cette apparente réconciliation a fini par faire oublier à Toni l'anathème que Jo avait prononcé contre lui et sa progéniture et dont il n'avait pas eu le courage de parler à Nikki.

Presque tous les jours, à la fermeture de la librairie, Hélène se rend à Saint-Sauveur pour aider Nikki à préparer la chambre de Gabriel. (C'est ainsi que Nikki a décidé d'appeler le bébé avant même de savoir s'il s'agissait d'une fille ou d'un garçon.) Toni a acheté chez IKEA des meubles qu'il a peints et décorés de fleurs aux dessins naïfs, comme il l'avait fait pour l'enfant cosmique. De temps à autre, Hélène fait le trajet avec Paul de Montréal à Saint-Sauveur. Sa vieille Jaguar souffreteuse profite alors des bons soins de Toni, qui peut ainsi passer des heures le nez sous le capot à roder le moteur, à ajuster le carburateur, à changer l'huile, les filtres et les bougies.

Malgré son état, Nikki a continué de travailler jusqu'à son dernier mois de grossesse afin de compléter dans les délais tous les vêtements commandés. Sa mère et sa belle-mère, qui avaient promis d'être là pour l'accouchement et les relevailles, ont été fidèles au rendez-vous. Elles sont là, avec Nikki et Toni, quand Gabriel décède en naissant.

Sans Hélène, sa mère, Brenda, et la brave Delia qui se relaient à son chevet et qui l'enveloppent de toute leur tendresse, Nikki aurait coulé à pic. Elle ne cesse de s'accuser du décès de Gabriel. Si elle avait pris un peu de repos avant l'accouchement... Si elle avait suivi les prescriptions alimentaires de Luc plutôt que le régime de ce médecin québécois... Si elle avait quitté plus vite le service de l'enfant cosmique... Si... Si... Si... Quand Brenda et Delia repartent pour l'Europe, Nikki sombre davantage dans la mélancolie. «Dépression post-partum», aurait sûrement dit Luc...

Un soir, alors qu'Hélène, Toni et Nikki prennent le thé après le repas, il se produit un déclic dans l'esprit de Toni. Nikki lui reproche gentiment de les avoir entraînés en Amérique. Il n'y a aucune amertume dans sa voix, juste une infinie tristesse. S'ils étaient restés là-bas, dans le *cocoon* de l'Ordre, Gabriel serait peut-être encore vivant... Et Jo serait peut-être devenu son parrain!

Comme à son habitude, Toni n'a pas prononcé un mot de tout le repas. Mais lorsqu'il entend le nom de Jo, il a comme un coup de sang: son cœur s'arrête, ses tempes vont éclater. Il serre les poings à s'en briser les doigts. Il voudrait parler, s'expliquer... Au lieu de quoi il se met à crier comme un animal blessé. Il renverse sa chaise en se levant et se met à courir comme un fou. Hélène retient Nikki et court aussitôt à la suite de Toni.

Il s'est réfugié derrière la maison, il est là qui frappe à coups de poing sur un poteau de bois auquel est accrochée une corde à linge. Ses gestes sont si violents qu'Hélène n'ose pas s'approcher.

– Je vais le tuer! crie Toni après chaque coup de poing. Je vais le tuer!

Quand il s'arrête, à bout de force, le poteau est rouge de sang.

36

Pauvre Toni! Il a beau crier, frapper, verser son propre sang, Jo ne s'en porte pas plus mal. Il vient de franchir le Pacifique pour s'installer à l'autre bout du monde comme le lui a fortement suggéré maître Wasser. Mais il n'a pas suivi à la lettre les recommandations des maîtres de l'invisible puisque Luc l'accompagne en Australie. Luc et toute la cour immédiate des fidèles: Maryse et sa fille Aude, Doudou, l'enfant cosmique, Jocelyne et Camille Pilet. Ayant perdu son emploi, Jean-Pierre Vinet s'est joint à eux. Carole également, qui a l'impression de s'être enfin taillé une place dans le cœur de Luc. Afin de veiller au grain, Jo a laissé des gens sûrs aux endroits stratégiques: Odile, Joël et sa femme Annie à Salvan, Jerry et Colette à la maison templière, et ainsi de suite. Dominique, pour sa part, fera la navette entre les divers centres de survie et les maisons des Laurentides, tout en s'assurant que la flamme reste vive chez les Vuarnet.

Pour le moment, c'est un exil doré. Camille, comme toujours, paie le loyer des trois luxueux appartements que Jo a loués à Brisbane et qui offrent une vue imprenable sur l'océan Pacifique. Jo a de quoi parer au plus pressé: avant son départ pour l'Australie, il a fait déposer huit cent quarante mille dollars à son nom à la *Commonwealth Bank of Sydney*. On ne sait jamais, s'il fallait qu'il tombe malade...

Le séjour aurait été sans histoire si Jo s'était montré aussi prévoyant du côté des formalités. Il a autant de passeports, tous français, que le commun des mortels a de cartes de crédit: deux ont été émis par l'Ambassade de France à Ottawa, deux par le consulat français à Toronto, et le dernier a été obtenu par les voies ordinaires du Quai d'Orsay à Paris. Cinq passeports, donc, sur lesquels Jo n'a pas vérifié les dates d'expiration! Le plus récent arrive pourtant à échéance à la même date que l'unique passeport de Jocelyne, qui n'a pas été plus prévoyante.

Dès leur arrivée à la douane, on leur fait des difficultés. Jo et Jocelyne ont déclaré venir en Australie pour s'y installer à demeure alors que leurs passeports vont être périmés dans quelques semaines. Jo n'aurait pas eu d'arrière-pensée si on lui avait remis ses papiers, mais la police les a retenus pour le forcer à s'occuper tout de suite de leur renouvellement. Ce que Jo ignore, c'est que la lunette de la police est continuellement braquée sur eux depuis les événements survenus au Québec. L'arrivée de son groupe en Australie a été précédée de nombreux messages d'Interpol, de la Gendarmerie royale du Canada et de la Sûreté du Québec.

Le renouvellement des passeports des Di Mambro ne se fera pas automatiquement, loin de là. Le consulat de France à Montréal tergiverse et on ne coopère pas davantage au Quai d'Orsay. Voilà donc tout ce beau monde cloué en Australie avec, en prime, l'obligation de prévenir la police du moindre déplacement.

Indigné, Jo dicte à Jocelyne une lettre revendicatrice et amère à l'intention de Charles Pasqua, le ministre français de l'Intérieur. La lettre ne fait pourtant rien bouger. Il faut croire que le ministre a d'autres priorités...

Luc, lui, ne perd pas son temps et, surtout, il ne perd pas de vue leur départ imminent vers Sirius. Dans le secret de sa chambre, tout en écoutant la rumeur lointaine du Pacifique, il étudie avec soin le manuel de pharmacologie qu'il a pris soin de glisser dans ses bagages avant de partir. Sur un bloc-notes, il griffonne fébrilement les noms de toutes sortes de médicaments. Il juxtapose deux ou trois noms, les biffe et les remplace par d'autres en essayant d'imaginer les réactions que tel ou tel mélange provoquera sur un homme, une femme et un enfant. Sa tâche est d'autant plus difficile que Luc n'a pas eu recours à la pharmacopée occidentale depuis longtemps. Il a pris l'habitude de soigner ses patients à l'aide de granules homéopathiques quand il ne s'en remet pas, purement et simplement, au pouvoir curateur des entités et des vibrations. Au bout d'une semaine, sa recette de cocktail est au point. En sa qualité de médecin, il servira lui-même la préparation aux victimes. Il écrit la recette à la main sur une feuille de papier blanc, inscrivant en en-tête le titre le plus anodin qui soit:

<u>Mode d'emploi</u>[1]

① Pour créer l'euphorie (ou amnésie).
- ½ Ampoule à 1 ampoule HYPNOVEL (év. «ou autre...»)
  ou mettre le contenu s/la langue
- on peut injecter ½ ampoule (IV....??)
  NARCOREN ensuite
  Attention les enfants sont plus résistants – doubler les doses

② Faire suivre par 1 ampoule de FENTANYL ou PALFIUM en IV

③ Faire suivre par 2 ampoules de NORCURON ou
2 ampoules de PURUCLON
  * On peut aussi injecter 5 grammes de chlorure de
  potassium ou chlorure de calcium (Ca2cl) et
  (Kcl)
  IV direct (injection rapide) après l'HYPNOVEL ou
  le NARCOREN ou le FENTANYL (blocage du cœur)

---

1. Ce document, reproduit ici textuellement, a été retrouvé parmi les débris calcinés du chalet de Jo Di Mambro, à Salvan. Françoise Lombard, l'ex-compagne de Luc Jouret, a confirmé qu'il était de sa main.

---

* On peut aussi injecter rapidement 2 ampoules
de Valium (10mg) + 1 ampoule de l'Argactyl (5mg) en
IV rapide
(arrêt + dépression?? respiratoire)

Suivie de 2 ampoules de NORCURON ou 1 ampoule
de Kcl ?? en IV

SCHÉMA

① HYPNOVEL: ½ ampoule IV

   NARCOREN: 1 à 2 ampoules
② FENTANYL: ½ ampoule IV ou

     PALFIUM
③ NORCURON: 1 à 2 amp. IV

    ou PAVULON: 1 ampoule

        OU

① 1 ampoule VALIUM 10

  +   IV

  1 ampoule LARGACTYL 5

                         Ⓑ

② 1 à 2 amp. NORCURON IV rapide
  ou 2 amp KCL IV rapide

Si Luc a emporté son manuel de pharmacologie, ce n'est pas uniquement pour concocter cette recette. En 1993, Jo est entré dans sa soixante-dixième année, ce qui représente un âge très avancé pour un diabétique. Mais Luc est d'avis que les douleurs abdominales de son ami, comme son incontinence, ne peuvent pas être le seul fait de son diabète. Il soupçonne Jo d'avoir aussi un cancer de la prostate, de l'intestin ou du rein, il ne saurait dire exactement. Luc sait bien qu'il ne peut pas le guérir mais il entend le soulager.

Chaque matin depuis qu'ils sont en Australie, il lui rend visite dans son appartement et lui injecte une faible dose de morphine. Cette médication, en plus d'apaiser ses douleurs, rend le diabétique beaucoup plus réceptif aux préoccupations de Luc concernant le transit.

Assis sur la terrasse de l'appartement, les deux complices reprennent leurs réflexions. Cette terrasse en saillie qui donne vue sur le ciel et sur la mer de Corail est un lieu plus propice encore que les combles de la maison templière. Il fait beau et chaud et on n'entend de là-haut que le grondement des vagues et le cri des oiseaux. À cette heure, chaque matin, ils sont seuls. Jocelyne, Carole, Maryse et les deux enfants sont à la plage; quant à Camille et à Jean-Pierre, ils sont partis depuis plusieurs jours afin de tenter de vendre la propriété que l'Ordre avait achetée, jadis, à Perth.

En plus du testament que Jo et Luc ont déjà rédigé à Plan-les-Ouates, celui-ci croit qu'ils se doivent de transmettre tous deux un ultime message au monde. Plusieurs civilisations anciennes ont été anéanties par des cataclysmes mais aucune auparavant n'avait atteint un tel degré de décadence. C'est pourquoi Luc estime que le chaos actuel va conduire inéluctablement les êtres humains à l'apocalypse.

– Par notre départ, dit-il à Jo d'une voix vibrante, nous aiderons l'homme à s'élever au-dessus de sa condition. Tu comprends, Jo?

Celui-ci, engourdi par le soleil et la morphine, ne l'écoute pas. Il somnole. En le voyant ainsi, faible et vulnérable, Luc regrette d'avoir déjà mis en doute l'existence des grands maîtres de l'invisible. N'est-ce pas leur intervention qui a fait de Jo l'ermite de Salvan et qui les a poussés à quitter la Suisse pour l'Australie? Qui sont ces forces puissantes qui les orientent dans la bonne direction sinon les maîtres de l'invisible? Qui d'autre aurait su les guider jusqu'ici? Pour que Jo, à l'abri des forces du mal, loin des attaches qui le retiennent à la terre comme les câbles d'une montgolfière, se soumette enfin à sa volonté et accepte de mettre la main aux préparatifs du transit.

En pensant à tous les initiés qui ne pourront pas être du voyage, pour quelque raison que ce soit, Luc soupire et hoche la tête. Il faut leur donner espoir, les encourager! Il se penche sur

ses écrits et termine l'ultime message par l'appel qui suit:
«Hommes ne pleurez pas sur notre sort, mais pleurez plutôt sur
le vôtre. Le nôtre est plus enviable que le vôtre. À vous tous qui
êtes réceptifs à cet ultime message, que notre Amour et notre
Paix vous accompagnent dans les terribles épreuves de l'Apocalypse qui vous attendent. Sachez que de là où nous serons, nous
tendrons toujours les bras vers ceux et celles qui seront dignes
de nous rejoindre.»

Un matin, au moment où Jo sort enfin de sa somnolence,
Luc est au téléphone en train de faire des réservations d'avion
pour trois personnes, dont il épelle les noms en anglais avec
grande difficulté.

— Où allons-nous? demande Jo.

— Au rocher d'Ayers Rock! répond Luc.

— Qu'est-ce que c'est que cette histoire de rocher, maintenant?

Debout sur la terrasse, s'adressant bien davantage au monde
entier qu'à Jo lui-même, Luc rapporte avec exaltation la révélation qu'il vient d'avoir. Vendredi prochain, qui est un vendredi
13, ils se rendront sans faute, en compagnie de Camille Pilet, sur
ce rocher mythique. Cette immense bête de pierre rouge à la
peau crevassée et qui fait le dos rond dans le sable et les herbes
du Queensland est porteuse d'un message pour eux. Des cavernes qui creusent ses flancs émerge, à l'occasion, un chaman que
les entités délèguent pour mener en sûreté dans l'autre monde
les âmes qu'elles ont élues.

Plus sa santé se détériore, plus Jo est sensible à ce qu'on peut
lui apprendre sur l'au-delà. C'est la montagne des prophètes, lui
explique encore Luc. Elle abrite dans ses cavernes millénaires les
mânes d'un peuple aborigène qui ont sanctifié la montagne
dans les temps anciens.

— Cette montagne, Jo, murmure Luc, détient le secret des
secrets.

Dans le petit avion privé qui franchit par saccades, d'un trou d'air à un autre, la distance entre Sydney et Ayers Rock, Jo a beaucoup de mal à rester conscient. Cent fois la route de Salvan par gros temps plutôt que ce voyage cahoteux par temps clair! Camille, qui n'est guère plus jeune que Jo puisqu'il aura bientôt soixante-huit ans, est aussi mal en point. Même s'ils n'avaient rien mangé ni l'un ni l'autre, ils ont vomi jusqu'à s'en arracher les entrailles. Craignant d'arriver à Ayers Rock avec deux invalides sur les bras, Luc leur fait une injection d'Hypnovel, une des composantes du cocktail qu'il a mis au point pour le transit. L'injection fait merveille.

C'est flanqué de deux vieillards euphoriques que Luc atteint le sommet du rocher, après une escalade que des hommes bien plus jeunes n'auraient pu faire aussi prestement. Là-haut, ce n'est pas le paysage qui les impressionne, mais la musique que fait le vent en percutant les rides de la pierre. Jo et Luc se rappellent avoir entendu des sons identiques lorsqu'ils s'étaient recueillis à Malte parmi les mégalithes. Camille, lui, n'a jamais rien entendu de pareil. Il est bouche bée. Tout à coup, Luc pointe l'index vers le ciel. Alors que tout à l'heure, le firmament était bleu, clair et presque transparent, un nuage tout blanc, opaque comme du coton, a surgi de nulle part.

Luc se jette à genoux. Ce nuage, c'est le signe qu'il attendait. Les yeux fermés, il décode maintenant à haute voix le message que lui livrent les entités. Jo et Camille écoutent en tremblant.

– Quelles que soient les pénibles et dures épreuves que nous devrons traverser, notre mission est d'assurer la préservation de la Tradition templière qui nous invite tous à pénétrer dans son univers étrange et prodigieux. Durant notre cycle, le Graal, Excalibur, le Chandelier à Sept Branches et l'Arche de l'Alliance se sont révélés à nous, témoins vivants, derniers et fidèles Serviteurs de l'Éternelle Rose-Croix. Des calomnies mensongères et des trahisons de toutes sortes, un scandale judicieusement orchestré par différents pouvoirs en place, ont sonné le glas de l'ultime tentative de régénération que nous voulions entreprendre des Plans de la Conscience. Nous serons tous les trois les agents de la régénération qui assurera au moins la survie de notre propre groupe dans le cosmos!

Quelles sont donc les entités qui se cachent dans les cavernes de cette prodigieuse montagne, qu'on dit hantée par les mânes des anciens et propice aux rencontres du troisième type? Même si nul ne connaît le secret d'Ayers Rock, Luc se félicite d'y avoir emmené Jo et Camille. À la suite de ce voyage, l'attitude de Jo a changé du tout au tout. Non seulement il s'est résigné au transit, mais il l'entrevoit maintenant avec sérénité. Cependant, il n'en parle qu'avec Luc et Camille, car il est trop tôt encore pour informer les autres du message reçu sur la montagne.

Dès qu'il prend place dans son fauteuil de première classe du Boeing 747, Luc sort son agenda et y inscrit, en guise de point final à leur exode australien, la phrase qui suit: «Les derniers Frères Aînés de la Rose-Croix ont planifié leur transit selon des critères connus d'eux seuls. Après avoir transmis à leurs Serviteurs les moyens d'achever l'Œuvre, ils ont donc quitté ce monde, le 6 janvier 1994 à 0 h 04, à Sydney, pour un nouveau cycle de Création.»

37

Le 15 janvier 1994, quand l'hôtel Bonivard, de Veytaux, en Suisse, rouvre ses portes après le congé des fêtes, il devient, sans que ses propriétaires s'en rendent compte, le véritable quartier général de l'Ordre du Temple Solaire. Le site est bien choisi. De l'hôtel, on est à une petite heure de Salvan ou de Cheiry, à une petite heure aussi de l'aéroport de Genève et à deux pas de Territet, où Françoise Bélanger, membre de l'Ordre, a acheté un appartement dans un immeuble qui domine la ville de Montreux. Jo y séjourne souvent avec Jocelyne et Doudou au lieu de faire l'aller-retour à Salvan. Il y retrouve enfin «son» lac Léman sur lequel il a une vue imprenable.

Ces derniers temps, Jo a beaucoup vieilli. Il marche avec de grandes difficultés, sa vue baisse, il s'essouffle au moindre effort et comme il n'arrive plus à contrôler son hyperglycémie, il s'épuise rapidement et a du mal à se concentrer. Pour ajouter encore à ses malheurs, son incontinence empire, ce qui ébranle son amour-propre. Même s'il éprouve toujours une vive affection pour Maryse, il n'ose plus faire l'amour avec elle de crainte de s'échapper. Avec Jocelyne, il n'a pas cette pudeur: elle en a vu bien d'autres...

Exception faite de quelques sautes d'humeur, plus rares qu'auparavant d'ailleurs, Jo est plutôt serein. Pourrait-il en être autrement? Les prévisions de Luc sont fort simples: ou bien Jo l'accompagne au plus tôt dans un transit glorieux vers Sirius ou bien il mourra quelques mois plus tard de son cancer, sans gloire et dans une agonie atroce. S'ils agissent vite, le transit pourrait s'effectuer au solstice d'été, tandis que s'ils tardent à partir et que le cancer agit lentement, Jo peut tout au plus espérer vivre jusqu'à la fin de l'année. En d'autres mots, ou bien il quitte cette terre comme un pharaon triomphant en emportant sa famille avec lui, ou bien il mourra triste et solitaire comme un quidam!

Une seule chose tourmente Jo: tous les biens que l'Ordre possède ne pourront les suivre sur Sirius. Il faudra tôt ou tard en disposer. Pourquoi ne pas en faire bénéficier Élie? Jo, qui a le sens de la postérité, entretient encore l'espoir de voir son fils poursuivre son œuvre. Élie n'aime pas ses méthodes mais il n'aurait sans doute pas besoin de les adopter. Il pourrait, une fois que Jo aura quitté cette terre, mener l'Ordre comme bon lui semble.

Depuis qu'Élie a quitté la maison templière, il réside à Couvet, dans le canton de Neuchâtel, et il s'est trouvé un emploi de comptable à Môtiers, un bourg minuscule situé à quelques kilomètres de son domicile. Il n'y a qu'un restaurant de qualité à Môtiers et il est installé dans un château du XIVe siècle. C'est à cet endroit, fait sur mesure pour un templier comme lui, que Jo a donné rendez-vous à son fils pour le déjeuner.

Pendant toute la durée du repas, Élie écoute son père lui relater à sa manière les événements des dernières années. Jo lui donne des nouvelles des personnes que le jeune homme préfère, sa «belle-mère» Jocelyne, la jeune Doudou, Jacqueline, son initiatrice. En revanche, il passe sous silence presque tout ce qui concerne les autres. De Luc, il se contente de dire qu'il quittera l'Ordre bientôt. Au plus tard d'ici à la fin de l'année, précise-t-il. Élie sursaute. A-t-il bien entendu?

– Tout à fait, répète Jo. Nous allons partir tous les deux, c'est définitif. Nous avons pris cette décision en Australie.

– Et que comptez-vous faire? demande Élie, plutôt incrédule.

Jo lui répond que c'est confidentiel pour l'instant et qu'il trahirait un secret et la confiance de Luc s'il en disait davantage. Il y a un long silence durant lequel Élie tente de lire la vérité dans les yeux de Jo qui soutient son regard.

Élie n'a pas revu son père depuis qu'il a fui en pleine nuit la maison de Plan-les-Ouates. Son dernier souvenir est celui d'un homme en tenue templière, encore alerte et puissant, qui, d'une voix tonitruante, menace de l'abattre avec sa grande épée. Cet homme, il a eu du mal à le reconnaître dans le vieillard qui s'est présenté tout à l'heure dans la salle à manger, qui s'est traîné à petits pas jusqu'à sa table, une main enfouie dans la poche de sa veste, et cherchant de l'autre des chaises pour se soutenir. Au moment où il s'apprêtait à embrasser Élie, celui-ci – instinctive-ment – a fait un pas en arrière et Jo s'est contenté de lui serrer la main.

Les blessures d'Élie ne sont pas encore guéries. Il a revu plu-sieurs fois sa mère mais sa vraie famille, celle de l'Ordre au sein de laquelle il a grandi, lui manque terriblement. La Suisse lui pèse aussi et il a de plus en plus la nostalgie du Québec dont il se rappelle l'insouciance et la grande liberté...

– Le laisser-aller, tu veux dire! l'interrompt Jo.

Élie ne peut s'empêcher de sourire. Qui est cet homme qui lui donne des leçons de morale? N'a-t-il pas toujours menti? N'a-t-il pas toujours vécu uniquement pour lui-même, pour satisfaire ses propres besoins? Élie se demande pourquoi il a accepté de revoir son père. Avec le temps et l'éloignement, il en était venu à minimiser ses défauts, dont celui de mentir comme il respire.

Pourtant Dieu sait qu'il en a appris des choses au sujet de son père! Après avoir quitté Genève, Élie est allé quelque temps à Nîmes dans le vague espoir d'y retracer l'auteur de la fameuse lettre anonyme qui lui avait révélé la condamnation de Jo. Il n'a pas eu de veine de ce côté mais sa petite enquête lui a révélé un fait dont personne, surtout pas son père, ne lui avait parlé: Hélène Ghersi n'était pas la première femme de Jo; il en avait eu une autre du nom de Jeannine Salter, directrice d'une école de musique, avec qui il avait eu un fils, Bernard, qui vivait maintenant à Avignon.

— Pourquoi ne m'as-tu jamais dit ça, papa?

— Quelle importance, fait Jo en haussant le ton, que j'aie eu d'autres femmes, d'autres enfants? Je ne suis pas un homme comme les autres. J'ai été Moïse, Hugues de Payns! Et maintenant je veux t'aider, Élie, dis-moi ce que tu souhaites et je te le donnerai.

Quelle tristesse! pense Élie. Cet homme qu'il admirait quand il le voyait plus grand que nature, il suffirait qu'il s'abaisse pour qu'Élie retrouve un peu de son admiration pour lui. Il suffirait qu'il avoue modestement qu'il n'a pas toujours été franc, ni honnête, ni juste...

Ne sachant trop quoi lui répondre, Élie lui dit que ce métier de comptable lui pue au nez mais qu'il espère trouver autre chose bientôt. Jo saute sur l'occasion pour lui proposer de rentrer au bercail.

— Je suis venu te chercher, Élie. J'ai besoin de toi. J'ai besoin de ta présence pour le peu de temps qu'il me reste. Quand tu n'es pas là, je suis un homme diminué...

Jo a dit cela avec des trémolos dans la voix. Élie n'en revient pas! Cet homme sera mort qu'il tentera encore de manipuler son monde.

— Pas ça, papa, de grâce! Tu peux faire le coup à d'autres mais pas à moi.

Jo se raidit. Élie le regarde droit dans les yeux.

— Écoute-moi bien, papa: ce personnage que j'ai devant moi et qui s'est bâti à coups de mensonges, il ne m'intéresse pas. Ni comme homme ni comme père!

Comment un fils peut-il juger son père aussi durement? Jo est atterré mais il lui reste une carte à jouer.

— Élie, écoute! j'ai un cancer... je vais mourir.

— Eh bien, crève! fait Élie en se levant, et il sort du restaurant sans regarder derrière lui, sûr que son père lui a encore menti.

Menteur et comédien, Jo l'aura été jusqu'à la fin. Avant de rentrer à Salvan, il passe par Zurich afin d'expliquer à maître Wasser les raisons de son retour d'Australie. Comme il a l'intention de prétexter son piètre état de santé, avant de sortir de la voiture, il se poudre le visage pour en accentuer la pâleur, défait sa cravate et passe la main dans ses cheveux.

Cette fois, il ne verra ni Carlo ni maître Wasser; il n'atteindra même pas la cage d'ascenseur. Après avoir prévenu que Herr Jo est en bas, le concierge fait de grands signes de tête, prononce quelques *Ja, Ja* embarrassés et raccroche. Imperturbable, il prévient Jo que maître Wasser ne peut le recevoir sans rendez-vous.

Ce soir-là, de retour à Salvan, contrairement à ce qu'on pourrait penser, Jo est presque satisfait de sa journée! Au moins il aura tout essayé. Il a tendu la main à son fils, il s'est humilié devant un concierge afin d'avoir une explication avec ceux qu'il a toujours appelés les «maîtres de l'invisible» et qui sont en réalité des mafieux avec lesquels Licio Gelli, le vieux maître de la loge P2, l'avait mis en relation. C'est Luc qui avait raison: le monde entier s'est ligué contre eux. Mais le monde, maintenant, ferait mieux de bien se tenir...

38

Ils auraient pu se réunir à Salvan puisqu'ils y habitent tous les trois, mais Jo, Luc et Camille sont descendus à l'hôtel Bonivard. Ils se sont enfermés dans une chambre, ont décroché le téléphone et ont demandé au concierge de ne dire à personne, mais absolument personne, qu'ils étaient là. Luc a décroché les trois tableaux qui ornent la pièce pour s'assurer qu'il n'y avait ni micro ni fil ni miroir sans tain. Il a déplacé tous les meubles, a fouillé sous les coussins des fauteuils, a regardé sous le tapis et a poussé la prudence jusqu'à calfeutrer la porte de la salle de toilette avec des serviettes.

– On ne sait jamais, explique-t-il à Camille, ébahi par tant de minutie, on pourrait avoir caché des microphones ou des caméras miniatures dans les bouches d'aération des W.-C.

Cette journée est d'une importance capitale pour les trois hommes: ils doivent décider du nombre de personnes qui feront le transit et, surtout, procéder à une sélection minutieuse en éliminant ceux qui ne méritent pas de les accompagner ou qui ne valent même pas la peine qu'on les utilise comme carburant. De toute manière, les personnes de peu de foi ne représenteraient, selon Luc, qu'une source infime de carburant. Mieux vaut ne pas s'en embarrasser.

À vrai dire, Jo et Camille n'ont aucune idée de la façon dont il faut procéder mais ils se fient à Luc. C'est lui, le savant. C'est lui qui a reçu en Australie les dernières révélations des entités. Quant aux maîtres de l'invisible, Jo n'en parle plus et personne ne s'en aperçoit. C'est comme s'ils n'avaient jamais existé.

Luc a déjà fixé à cinquante-quatre le nombre idéal de passagers pour ce premier transit. C'est le nombre exact de templiers, Jacques de Molay en tête, que le conseil royal a envoyés au bûcher comme relaps, en mars 1314. Ce chiffre leur rendra un vibrant hommage posthume et, selon les calculs de Luc, il leur assurera à tous les trois d'atteindre Sirius. Ils pourront même compter sur une réserve puisque de douze à quinze initiés immolés fournissent assez de carburant pour un élu. Voilà donc le trio sauvé pour l'éternité et, si la quantité de carburant nécessaire a été surestimée, il pourrait y avoir une quatrième personne et même une cinquième...

— Mais ce n'est pas à nous de décider qui ce sera, dit Luc. Le choix appartient aux entités.

— Tu es sûr? demande Jo. On pourrait en choisir au moins un?

Jo est déçu. En ce moment précis, s'il le pouvait, il choisirait Dominique. C'est encore avec la reine Hatshepsout qu'il a fait les plus beaux voyages et passé ses plus belles années.

Luc veut qu'on commence la nomenclature par les noms de ceux qui ne seront que trop heureux d'être convoqués au transit. Les initiés les plus fervents, les véritables croyants, les mystiques passionnés. Parmi ceux-là, il a déjà identifié Carole, Joël et sa femme, Annie, Jean-Pierre et sa compagne, Pauline, le couple Germain et les Lardanchet. Difficile pour Jo et Camille de ne pas être d'accord: Luc connaît les membres tellement mieux qu'eux. Il a prêché à d'innombrables séminaires, il les a entretenus mille fois de la mort qui n'est qu'un passage. «Le corps part mais l'esprit reste!» En tête de sa liste personnelle, Jo inscrit les noms de Jocelyne, de Maryse et de sa fille Aude, de Dominique et de son enfant cosmique, d'Hélène Évrard, de Jerry, son ex-chauffeur, et de sa femme, Colette. De son côté, Camille est trop timide pour avancer des noms mais il se demande à haute voix si Luc et Jo ne devraient pas compter, parmi les plus fidèles, Bernadette et Line, la Martiniquaise. Comme celle-ci a une fille de onze ans, elle suivra sûrement sa mère. Luc n'a pas d'opinion là-dessus. Ayant été chassé cavalièrement de la Martinique, il n'a guère de respect pour ces insulaires. À ce compte-là, dit Jo, on devrait inscrire Madeleine et sa fille Caroline, qui vient d'avoir quatre ans. Luc ajoute le nom de Fabienne qui n'a montré aucune hésitation à s'entraîner au tir lorsqu'il le lui a demandé. On laisse en suspens pour le moment le couple Lévy dont Jo a tendance à douter. Mais ce n'est pas l'opinion de Luc. On les inclut donc. Édith et Patrick Vuarnet? Luc interroge Jo du regard. Ne font-ils pas partie du niveau le plus élevé de l'Ordre maintenant? Jo acquiesce et on les inscrits sur la liste des zélés.

La discussion est plus animée lorsqu'il s'agit de dresser la liste de ceux qui seront moins chauds à l'idée de partir. Il est possible que certains ne répondent même pas à l'appel. Il faudra trouver le moyen de les attirer. Par ruse ou autrement.

– L'Apocalypse ne fera pas de manières, elle, dit Luc. Elle fauchera tout le monde indistinctement, que les gens soient prêts ou non. Nous, au moins, on les a préparés à mourir et ils savent où ils vont.

Parmi les tièdes, Jo et Camille ne connaissent personne mais Luc inclut d'emblée les deux Québécois, Robert Falardeau et la journaliste Joce-Lyne Grand'maison, qui ont refusé d'assister au séminaire de La Pérade. En ce qui concerne son ex-femme, Marie-Christine, Luc aurait bien aimé qu'elle accepte le transit de bonne grâce mais il en doute. Elle aussi risque de se faire tirer l'oreille.

Viennent ensuite tous ceux qui les ont quittés après avoir bénéficié de leurs connaissances. Ceux-là ne viendront pas sans qu'on les force.

— Avec eux, dit Luc, je vous préviens que nous serons sans pitié. Et nous n'épargnerons personne. Rappelez-vous: même chez les frères anciens, il y a eu des traîtres...

Jo, qui a déjà eu maille à partir avec Daniel Jaton, un homme au caractère bouillant, est d'avis qu'ils éprouveront des difficultés avec toute sa famille. Ses quatre membres se retrouvent donc sur la liste des «récalcitrants», comme les trois membres de la famille Péchot. Par déférence à son endroit, Jo suggère qu'on inclue Françoise Bélanger dans la première liste puisqu'elle lui prête son appartement de Territet. Au contraire, pense Luc, elle est du genre à leur faire des misères, de même que Séverine, Nicole Koymans, Leopoldo, Jean-Léon et sa première femme, Josianne.

— Et ta vieille amie Renée Pfaehler? demande Luc. À quatre-vingts ans, elle ne devrait pas faire d'histoires?

Jo a un long soupir d'hésitation. On la classe donc parmi les tièdes. Richard Landry? Albert Giacobino? Robert Ostiguy? Comment croire qu'ils accourront au transit alors qu'ils réclament leur argent avec de plus en plus d'obstination? Parmi les récalcitrants, ceux-là! On n'est pas loin du compte, mais il faut une réserve. À ce rythme-là, on ne réussira pas à rassembler tout le monde.

— Giacobino, Ostiguy... ils ont des femmes, fait Luc. Elles n'ont jamais été très ferventes mais ne serait-il pas plus facile d'attirer des couples?

Pendant que Jo et Camille continuent de chercher à grossir la liste des tièdes et des fervents, Luc revient avec la délicate question de ceux qu'il considère comme des traîtres.

— Thierry, par exemple, à qui tu as tout donné, dit-il à Jo pour le convaincre. Thierry qui a fini par tourner le dos à la fidèle Odile avant de nous laisser avec le centre d'Aubignan sur les bras. Thierry qui prétend n'avoir pas un rond et qui a les moyens de s'offrir des avocats pour nous poursuivre...

Le plaidoyer de Luc est assez éloquent pour que le nom de Thierry se retrouve aussitôt sur la liste des récalcitrants.

– Les Dutoit? demande Luc.

Jo baisse la tête. Il eût préféré que Luc ne mentionne pas leurs noms.

– N'allons pas croire, dit Luc, qu'on punit ceux qui serviront de carburant. C'est un service qu'on leur rend. On devance ainsi le jour où ils seront réincarnés, le jour où ils auront enfin la chance d'être habités par une entité. Le sort de ceux qui vont partir est enviable. Les autres, ceux qui restent, devront continuer de faire partie de cette humanité décadente...

Vue sous cet angle, bien entendu, la chose paraît plus acceptable. Jo demande donc qu'on inscrive Toni et Nikki sur la liste. Mais il nous faudra beaucoup d'imagination, dit-il, pour les décider à venir en Suisse.

– Toni est têtu comme un âne, dit Jo. Je le sais, je l'ai presque élevé.

Même si elle est encore incomplète, on abandonne la liste pour parler de la logistique du départ. Pour faciliter les opérations, Luc propose que les enthousiastes partent de Salvan et qu'on rassemble à la ferme de La Rochette, à Cheiry, les tièdes et les récalcitrants. Ne reste plus ensuite qu'à fixer la date du transit, qui doit être la même pour tout le monde afin qu'aucune énergie ne se perde. Le solstice d'été semble une date favorable. Camille se ralliera au choix des deux autres quant à la date, mais il préférerait partir de Cheiry. Il exprimerait ainsi sa reconnaissance à ceux qui ne quitteront pas la terre de plein gré et sans lesquels il ne pourrait atteindre Sirius.

Depuis qu'on a reparlé du solstice d'été, Jo est muet. C'est un enfantillage, il le sait, mais il aurait aimé fêter ses soixante-dix ans sur terre et il les aura seulement en août. Mais comment avouer un caprice pareil quand Camille vient de faire preuve de tant de magnanimité?

À la fin, après avoir ravalé deux ou trois fois sa salive et pour changer de sujet, Jo dit qu'on a oublié une personne très importante: son fils Élie.

– Mais oui, mais oui! s'exclame Luc.

Il regarde Jo avec tendresse et déclare que si Abraham, lui, avait eu le courage de Jo, il aurait sacrifié Isaïe et vaincu de ce fait la fatalité. L'humanité entière aurait alors été épargnée de son triste karma.

– Élie te reprocherait vivement de l'avoir laissé derrière, dit Luc à Jo qui acquiesce lourdement de la tête.

Quelle destinée pour Jo! Après avoir été Moïse et Hugues de Payns, il va maintenant corriger la faiblesse d'Abraham lui-même... Sa diversion a tout de même porté fruit: la réunion se termine sans qu'on fixe de date précise pour le transit.

39

Dans les semaines qui suivent, Luc réunit en un groupe d'élite ses quatre soldats les plus dévoués: Joël et Jerry, Carole et Annie. Joël s'est procuré les armes dont ils auront besoin: un pistolet de marque Walther PPK, qu'il a acheté d'un camarade, à Marly, en France, et un Smith & Wesson de calibre 22, provenant de l'armurerie Free-Sport de Granges-Paccot, dans le canton de Fribourg. Un seul de ces revolvers servira au transit – le Smith & Wesson – mais les deux serviront à l'entraînement.

Parce qu'ils ne doivent rien laisser derrière eux qui puisse mettre en péril le succès du transit, tout ce que les initiés ont touché, toutes les maisons où ils ont habité devront être consumés.

Martin Germain étant électricien, Joël lui demande de l'accompagner chez Industrie & Électricité, avenue Victor-Hugo, à Carpentras. Ils y achètent seize relais et tout le matériel nécessaire pour fabriquer les dispositifs de mise à feu. Chez Valloton, à Martigny, près de Salvan, Joël se procure quatre unités centrales de commande Servocom et quatre télécommandes Swatch. Elles seront reliées par des fils électriques à des bonbonnes de gaz et de simples impulsions téléphoniques pourront alors tout déclencher. Un dénommé Jean-Christian Ducret montre à Joël comment brancher le tout sur les réseaux téléphoniques français et suisse.

Des cinq membres qui ont pris des leçons de tir au Québec, Luc retient uniquement Joël et Carole. Sans oser mettre leur bonne volonté en doute, il craint leur réaction lorsqu'il leur apprendra ce qu'il attend d'eux.

Un matin de juillet, sous prétexte d'aller faire une tournée de reconnaissance à la ferme de Cheiry, Carole, Joël et Luc partent de Salvan sans prévenir. Luc a demandé qu'ils emportent les deux pistolets.

Assis derrière dans l'Audi de Joël, Luc n'a pas ouvert la bouche depuis Salvan. Joël et Carole respectent son silence mais ils se posent mille questions sur les motifs de ce voyage secret. Pour qu'il soit moins monotone, Joël, qui connaît bien ce pays de champs et de prairies découpé comme au ciseau en carrés et en rectangles, quitte l'autoroute pour emprunter les routes étroites qui conduisent à Cheiry. Une dizaine de kilomètres avant d'y arriver, Luc sort enfin de sa torpeur. Il fait signe à Joël de tourner sur un chemin privé, bordé d'une clôture de broche. Quelques mètres plus loin, ils arrivent à une barrière. Luc demande à Joël de couper le moteur.

– Ici, dit-il, nous pourrons discuter en paix.

Il ne saurait mieux dire: ils sont arrêtés au milieu d'une prairie où paissent des vaches d'un côté, et des moutons de l'autre. Il n'y a pas une seule habitation en vue. Joël et Carole sont habitués aux comportements imprévisibles de Luc, mais ils n'en échangent pas moins un regard étonné. Ont-ils parcouru toute cette distance uniquement pour avoir une conversation secrète en plein champ?

Luc leur demande à brûle-pourpoint s'ils ont déjà tiré sur des bêtes. Carole fait signe que non. Joël répond qu'il a abattu un orignal, l'an dernier, à La Pérade, et qu'il est allé quelquefois à la chasse durant son enfance. Sa réponse semble rassurer Luc.

– Vous savez, dit celui-ci, il sera peut-être nécessaire de vous servir de vos revolvers... Dans les derniers moments précédant le transit, je n'exclus pas que certains de nos frères soient pris de panique. Depuis des années, je vous prépare tous à ce voyage, mais, si l'esprit est prêt, le corps reste toujours craintif. Il a peur de l'inconnu, il tremble devant la douleur. Vous verrez...

Ils voient déjà! À la seule pensée de devoir utiliser son arme contre des personnes qu'elle connaît, qu'elle aime, Carole vient près de défaillir. Quant à Joël, il serre le volant pour que Luc ne voie pas qu'il tremble. Luc se penche vers l'avant et pose les mains sur leurs épaules.

– J'ai déjà préparé les drogues qui adouciront notre passage. J'apaiserai les corps du mieux que je pourrai, mais il faudra que vous soyez prêts. Si on doit recourir aux armes, vous devrez accomplir le travail proprement afin de ne pas affoler les autres.

Mais comment tuer proprement avec un revolver, fût-il muni d'un silencieux? Tout en acquiesçant de la tête, Joël se souvient du lièvre qu'il a tué quand il avait huit ans: la balle avait crevé un œil d'où s'échappait la cervelle. Rien que d'y penser, encore maintenant, il a mal au cœur. À douze ans, il était revenu avec une faisane qu'il avait fallu jeter à la poubelle tellement elle était criblée de plombs. L'orignal qu'il avait abattu avait lancé d'horribles gémissements avant de mourir au bout de son sang sur un tapis de feuilles. Comment tuer proprement? Il voudrait poser la question à Luc mais les mots ne sortent pas.

Quand il a l'impression que Joël et Carole ont absorbé le choc de ce qu'il vient de leur apprendre, Luc raconte que, lorsqu'il était étudiant, le professeur d'histoire leur avait parlé de ces soldats allemands chargés d'exécuter les Juifs de Pologne durant la Deuxième Guerre mondiale. Comme ils étaient appelés à tuer jusqu'à vingt ou vingt-cinq fois par jour, des dizaines de S.S. avaient fini par sombrer dans la folie justement parce qu'ils ne tuaient pas proprement. On avait donc mis au point une technique pour qu'ils puissent tuer sans être éclaboussés de sang, de fragments d'os et de cervelle. Le secret: tenir l'arme à un mètre de la nuque de la victime et viser un point juste au sommet de la fossette sous-occipitale. La balle ne perce alors qu'un petit trou net. En disant cela, Luc a appuyé sur la nuque de Joël et de Carole pour bien leur indiquer ce point précis. Tous deux sursautent.

— Vous sentez-vous capables d'être aussi braves que ces soldats? demande Luc. Rappelez-vous, contrairement à eux, notre cause est juste. Par votre geste, vous aiderez nos frères à se libérer de leurs pauvres corps.

— D'accord, finit par dire Joël d'une voix presque inaudible.

— Et toi, Carole?

Comme pour l'aider à répondre, il lui serre l'épaule.

— Je suppose, finit-elle par dire, mais comme quelqu'un à qui on demande l'impossible. Il aurait fallu s'entraîner comme ces soldats dont tu parles...

— Qu'est-ce que vous croyez que nous sommes venus faire dans le canton de Fribourg?

Cette fois, ils manquent de s'étrangler. Ils se tournent vers lui et n'osent même pas lui demander ce qu'il veut dire: ils ont trop peur d'avoir compris... Luc sourit.

— Camille et moi nous avons pris des arrangements avec un éleveur, celui à qui appartiennent ces champs. Sa bergerie est devant vous à quelques centaines de mètres de la barrière. Demain matin, cet homme mettra quelques moutons à votre disposition et vous pourrez vous entraîner à les abattre proprement. La bergerie est isolée, mais il vaudrait mieux vous lever tôt pour ne pas éveiller l'attention...

Le lendemain matin, lorsque Carole entre dans la cuisine de la ferme de Cheiry, le soleil se lève. Joël est déjà en train de manger sans appétit un bol de musli. Il l'accueille avec un sourire, soulagé de ne plus être seul.

– Bien dormi? demande-t-il sans ironie.

Elle fait signe que non et prend l'une des deux tasses de café que Joël a préparées.

– Est-ce que Luc vient avec nous? demande-t-elle.

Joël lui répond qu'il est déjà parti pour Fribourg. Il doit rencontrer Lardanchet qui lui donnera des munitions spéciales pour le transit. Carole acquiesce et baisse la tête au-dessus de son café fumant.

Joël fixe discrètement sa nuque...

40

Ces derniers temps, la ferveur d'Hélène envers l'Ordre s'est quelque peu refroidie et il est évident que Paul y est pour beaucoup. Hélène n'a pas abandonné son appartement mais c'est tout comme. Elle n'y va plus qu'une fois de temps à autre et, quand elle s'y rend, c'est pour aller chercher des choses qu'elle rapporte chez Paul. Ce dernier ne lui parle presque plus de la secte même s'il leur arrive d'avoir des discussions portant sur l'ésotérisme en général. Paul n'est pas du genre à chercher midi à quatorze heures. L'univers visible est déjà bien assez compliqué, dit-il, pourquoi faudrait-il qu'en plus, il ait un sens caché? Mais Hélène ne désespère pas. Elle a même réussi à lui faire lire *Les Grands Initiés,* d'Edouard Schuré, un des classiques du genre.

Ils voient encore Toni et Nikki. Plus souvent depuis qu'elle attend un autre enfant. À peine trois mois après la mort de Gabriel, elle est redevenue enceinte, mais les Dutoit vivent dans l'angoisse: ils craignent de perdre le bébé une fois de plus. À quelques reprises depuis la scène dont elle a été témoin, Hélène a cherché à en savoir plus mais Toni n'a rien voulu lui dire. Nikki n'en sait pas plus mais elle lui a demandé de ne rien dire à Jo au sujet de sa nouvelle grossesse.

– Pourquoi? s'est inquiétée Hélène. Il s'est passé quelque chose entre Jo et Toni?

– Non, je veux lui faire *un* surprise! dit Nikki sans grande conviction.

Depuis le départ de Carole, Hélène entend moins souvent parler de l'Ordre et quand on lui en parle, ce n'est pas très positif. Sachant qu'elle est très intime avec Jo, les contestataires sont venus à tour de rôle lui raconter leurs misères. Robert Ostiguy veut bien continuer de cautionner quelques hypothèques mais il exige d'être remboursé des cinquante mille dollars qu'il a prêtés. Robert Falardeau et Joce-Lyne Grand'maison continuent leur guérilla pour que les Québécois reprennent le contrôle financier de leur commanderie.

Quant à Richard Landry, il a littéralement défroqué. Il a fait un gros colis de sa houppelande, de son insigne et de son épée et, se doutant bien qu'on ne courra pas le risque de refuser le colis, il l'a expédié «port dû par le destinataire» à la maison de Plan-les-Ouates. Comme il n'y avait plus personne pour le recevoir, le colis a fait le tour de la Suisse avant d'aboutir à Salvan!

Jo avait l'habitude d'appeler Hélène deux ou trois fois par mois. Durant son séjour en Australie, cependant, il n'a pas donné de nouvelles. Aujourd'hui, c'est la première fois qu'il appelle depuis qu'ont eu lieu, à Cheiry, les cérémonies templières de Pâques auxquelles elle a assisté. Jo n'est pas loquace. Hélène trouve au son de sa voix qu'il a l'air en meilleure forme qu'au printemps. Jo lui téléphone pour l'inviter à fêter avec eux son soixante-dixième anniversaire de naissance.

– Je m'y prends tôt, dit-il d'un ton enjoué, car on me raconte que tu es maintenant très occupée...

Au lieu de s'offusquer de la curiosité de Jo, Hélène s'en amuse. Elle lui rappelle qu'après l'adoubement de Carole, il y a plusieurs années, il lui avait prédit qu'elle attirerait vers l'Ordre d'autres belles âmes.

– Eh bien! je crois que j'en ai une autre, dit-elle, mais il va falloir y mettre le temps...

– Tu ferais mieux de te presser, ajoute Jo, je n'en ai sûrement plus pour très longtemps.

– Bof, tu sais bien que t'es éternel...

Avant de raccrocher, Jo lui demande si elle sait quand Nikki accouchera. Hélène n'est même pas étonnée. Jo n'est peut-être pas omniscient mais il a de bonnes antennes. Nikki était bien naïve de penser lui faire une surprise...

– D'une semaine à l'autre, répond-elle, mais comment sais-tu qu'elle est enceinte?

– Dominique est à Morin Heights, dit-il. Je tiens à ce que Toni et Nikki sachent qu'ils me manquent. Tu leur diras toi aussi, n'est-ce pas, Hélène? Dis-leur également que j'aimerais bien les voir à Salvan. À la fin de l'été, peut-être, lorsque Nikki sera remise. Leur visite me ferait le plus grand plaisir.

Quand Hélène raccroche, Paul sort de la salle de bain. Frais rasé, les cheveux encore mouillés, il porte une chemise et un pantalon de denim blanc. Hélène est en admiration.

– Tu es magnifique, dit-elle en sifflant. T'es certain que je ne cours pas le risque de te perdre aux fêtes de la Saint-Jean?

– Tout en blanc, je trouve que j'ai des airs de templier!

Hélène lui fait une grimace.

Le soir, alors qu'ils dansent comme des milliers d'autres Québécois, boulevard René-Lévesque, sur la musique entraînante d'un groupe haïtien, Hélène presse Paul contre sa poitrine et lui demande à l'oreille s'il peut changer la date de ses vacances.

– Pourquoi?

– J'aimerais qu'on aille en Suisse au mois d'août, c'est la fête de Jo!

– Jo, je m'en fous! crie-t-il en recommençant à danser avec frénésie.

Ce qui ne l'empêchera pas de faire des pieds et des mains pour avancer d'un mois la date de ses vacances. Mais sans succès.

41

Le dessert n'a pas été le moment le plus glorieux de l'anniversaire de Jo. Le gâteau commandé par Jocelyne chez un pâtissier de Martigny était absolument spectaculaire. Immense. On a même pu y piquer les soixante-dix bougies qu'il fallait. Malgré qu'on se soit mis à quatre pour les allumer, les premières bougies avaient fondu de moitié lorsque Doudou, soutenue par Jocelyne et Dominique et portant le gâteau à bout de bras, est entrée triomphalement dans la salle à manger sous les applaudissements d'une douzaine de convives. Doudou a déposé le gâteau devant Jo à qui elle a demandé de faire un souhait. L'a-t-il fait? On ne l'a jamais su et on ne le saura jamais non plus.

Jo a inspiré profondément mais quand est venu le moment de souffler les bougies, un râle affreux s'est échappé de sa gorge et il a été pris d'une horrible quinte de toux. Le front en sueur, le visage écarlate, il toussait si fort dans sa serviette qu'il semblait sur le point de suffoquer. Croyant qu'il s'était étouffé en avalant de travers, Luc lui a appliqué une solide prise de bras au niveau du sternum. Sans succès: Jo ne cessait pas de tousser. Il avait des spasmes qui le secouaient entre deux accès de toux et Luc n'arrangeait rien: plus Jo se débattait, plus il resserrait sa prise; et plus Luc serrait, plus Jo se démenait pour s'en libérer. À la fin il retomba sur sa chaise, la tête en arrière, la bouche grande ouverte, cherchant de l'air. Il était presque mort.

Les bougies ont fondu maintenant et personne n'a touché au gâteau, sauf Doudou et Aude qui ont trouvé l'incident plus drôle que tragique. Pendant qu'elles s'empiffrent, Camille et Luc aident Jo à prendre place dans un fauteuil. Les autres convives se tiennent à distance, moitié par crainte moitié par respect. Avant qu'ils ne soient remis de leurs émotions, le téléphone sonne. Il n'y a que Jo qui ne saute pas.

— C'est Jocelyne, dit Hélène en se tournant vers Nikki. Tu veux le lui dire ou c'est moi qui le lui dis?

Profitant de ce qu'Hélène et Paul sont venus pique-niquer, Nikki a eu l'idée d'appeler Jo pendant son repas d'anniversaire. En guise de cadeau, elle souhaite lui offrir d'être parrain de leur bébé, Dominique ayant déjà accepté d'en être la marraine.

— Mais oui, je veux lui dire, fait Nikki en essayant d'arracher le combiné des mains d'Hélène.

Paul et Toni les regardent en riant. Hélène parle à Jocelyne en tenant le combiné de telle sorte que Nikki puisse entendre, elles sourient toutes les deux mais tout à coup Hélène prend un air sombre.

— C'est Jo, dit-elle à Nikki qui n'a pas bien entendu, il vient d'avoir une attaque...

— Mais je vais lui faire le message, dit Jocelyne, soyez sans crainte. Je suis certaine que ça l'aidera à se remettre...

Avant de raccrocher, elle demande s'ils ont décidé du prénom de l'enfant. Cette fois c'est Nikki elle-même qui répond.

— Jo sera très *heureuse,* dit-elle, nous avons choisi les mêmes noms que les enfants de Jo et de Dominique. Nous allons l'appeler Christophe-Emmanuel! *Isn't it cute?*

En entendant ce nom que lui répète Jocelyne après avoir raccroché, Jo vient près de s'étouffer une seconde fois. Il est livide. Lorsque Jocelyne lui apprend que les Dutoit souhaitent qu'il soit le parrain de leur enfant, il pique une sainte colère. Une colère comme on ne lui en a pas vu faire depuis longtemps. D'une voix étonnamment forte pour un homme qui vient d'être secoué comme il l'a été, il s'écrie que ces imbéciles de Dutoit ne savent pas à qui ils ont donné le jour.

– La bête immonde s'est incarnée, clame-t-il d'une voix si terrible que Doudou et Aude arrêtent de manger. Cet enfant, ce Christophe-Emmanuel, c'est l'Antéchrist!

Un silence de mort suit le prononcé de cette sentence, silence pendant lequel Luc acquiesce gravement de la tête. Effrayée, Doudou fond en larmes.

42

Le 29 août 1994, Colette et Jerry quittent la Suisse. Ils vont s'installer au Québec, disent-ils à tous leurs parents et amis. Ils ont vidé leurs comptes de banque: trente et un mille quatre cents francs suisses! Assez d'argent pour satisfaire tous leurs besoins pendant les quelques mois où ils logeront au 199A du chemin Bélisle, à Saint-Sauveur, dans la maison que Jo a mise à leur disposition. En réalité, ils sont chargés d'une mission bien spéciale: faire disparaître l'Antéchrist par n'importe quel moyen.

Colette et Jerry n'ont jamais été très près des Dutoit. Il faut dire que ce couple, s'il est harmonieux sur le plan cosmique, est plutôt mal assorti selon les critères habituels. Jerry a l'âge des Dutoit mais Colette pourrait être leur mère à tous pour ne pas dire leur grand-mère. Malgré leurs efforts pour entrer en relation avec les Dutoit, ils doivent bien se rendre à l'évidence: l'enlèvement de l'Antéchrist et sa mise à mort ne seront pas une sinécure. D'autant plus qu'ayant déjà perdu un enfant, les nouveaux parents ne quittent pas des yeux Christophe-Emmanuel. La plupart du temps, le bébé dort dans l'atelier et Nikki n'est pas près de se résigner à le faire garder, par Colette encore moins que par une autre. Brenda, la mère de Nikki, part le 14 septembre. À ce moment-là, les parents Dutoit seront déjà arrivés. Delia et Gérard, qui a fini par accepter de monter dans un de ces engins volants, autant pour voir son premier petit-fils que pour admirer ces paysages dont on lui a tant parlé, seront chez leur fils du 13 au 28 septembre.

Jo, à qui Jerry apprend tout cela au téléphone, est furieux. Le temps presse. L'heure du transit sonnera bientôt. C'est une question de jours. Il n'est plus temps de faire des manières. Ils sont chargés d'une affaire grave, qu'ils la mènent à terme, c'est leur responsabilité. Tout petit dans ses souliers, Jerry suggère qu'ils auraient sans doute plus de facilité s'ils pouvaient compter sur Dominique.

Dominique ne voit pas les choses du même œil. Elle refuse carrément d'aller faire le travail des autres. Debout devant Jo, qui ne sort presque plus de sa chambre, elle lui explique froidement qu'elle lui a toujours obéi mais que cette fois il lui en demande trop. Nikki et elles sont des amies. Toni est presque son frère. Ils ont passé plus de douze ans côte à côte. Jamais elle ne pourrait supprimer leur enfant.

— Parce que tu préfères que ce soit le tien qui erre pour l'éternité?

Jo a prévu que la rencontre avec Dominique serait difficile et il a demandé à Luc de l'aider. Ayant entendu ses dernières objections, c'est lui qui a posé cette question en entrant dans la chambre.

— Qu'est-ce que tu veux dire? demande Dominique, tout de suite inquiète pour Doudou.

— Si l'Antéchrist n'est pas détruit, dit Luc en la transperçant du regard, c'est nous qui le serons. Et l'enfant cosmique sera détruit aussi. C'est ça que tu souhaites? Par ta faiblesse coupable, tu veux nous faire rater le transit vers Sirius? Tu veux que l'enfant cosmique subisse un karma plus abominable que celui éprouvé par tout autre être humain jusqu'à ce jour? La reine Hatshepsout n'a pas manqué de courage, elle. Pour régner, elle a dû écarter son neveu, son beau-frère et son gendre. Nous, on te demande simplement d'écarter un enfant qui n'a aucun lien de parenté avec toi, un enfant qui n'aurait jamais dû venir au monde.

Sans bagages et sans joie, Dominique s'embarque à Zurich, le 17 septembre, sur le vol 132 de Swissair à destination de Mirabel.

Une semaine plus tard, le samedi 24 septembre, se tient à Avignon, à l'hôtel Novotel, une importante réunion: c'est la passation des pouvoirs de Luc et Jo à Michel Tabachnik. À la centaine de personnes présentes, dont Jean-Pierre Lardanchet et André Friedli, Michel apprend que l'Ordre du Temple Solaire s'appellera désormais l'Alliance Rose-Croix. À ses côtés, Jo souffre le martyre. D'abord, il craint que sa vessie ne se relâche en pleine assemblée et puis il a horreur que tous ces gens, pour qui il est encore un gourou aimé et respecté, le voient ainsi diminué. Avant même que la réunion soit terminée, il s'enfuit dans sa chambre et téléphone à Dominique. Quand elle admet qu'elle n'a encore rien fait et qu'elle ne sait toujours pas comment elle s'y prendra, il devient rouge de colère.

– Les parents, ils partent bien le mercredi 28?

– Oui, répond Dominique. Mais je te dis que je ne sais pas si je pourrai.

– Tu pourras! crie Jo. De toute façon, Joël prendra l'avion le 29 pour le Québec. À vous quatre, vous faites mieux de trouver une solution.

Le 30 du même mois, Colette et Dominique font les cent pas sur la véranda de la maison de Morin-Heights. Elles attendent les Dutoit. Tout à l'heure, Dominique leur a téléphoné. La douche ne fonctionne pas dans la salle de toilette. C'est d'autant plus embêtant qu'elle attend des visiteurs qui coucheront à la maison. Toni serait-il assez gentil de venir bricoler quelque chose?

– Emmène Nikki et le bébé, ajoute-t-elle. On cassera la croûte ensemble après.

Lorsqu'elle voit la vieille Subaru de Toni s'engager dans l'entrée de la maison, le cœur lui manque. Nikki descend avec le bébé et fait la grimace en apercevant Colette. Quant à Toni, il arrive avec son coffre d'outils.

– Je vais voir ça tout de suite, dit-il.

Nikki et les deux femmes décident d'attendre Toni à l'extérieur. Il fait un temps superbe. Le bébé dort dans son couffin.

Quand Toni entre dans la salle de toilette, Jerry surgit de nulle part et lui assène un violent coup de batte de baseball à la hauteur des reins. Joël, qui était caché derrière la porte, frappe Toni d'un coup de couteau en pleine poitrine. Mais Toni est fort comme un bœuf. Il se débat, essaie de parer les coups de couteau avec ses bras, mais Joël frappe comme un fou et Jerry, par-derrière, lui rabat le bâton sur le crâne. Au moment où Toni tombe par terre, un dernier coup de couteau lui fait une entaille profonde au cou. Les coups ont été si nombreux et si violents que la salle de toilette est rouge de sang.

Joël et Jerry se précipitent vers la véranda.

Ce soir-là, le 30 septembre, vers 18 h, Nikki meurt de quatorze coups de couteau. Les deux poumons et le diaphragme sont perforés, l'artère carotide droite de même que la carotide et la veine jugulaire gauches sont complètement sectionnées. Christophe-Emmanuel, un bébé de sept kilos qui était en pleine santé, est frappé de cinquante-quatre coups avec le petit pieu de bois que Joël a emporté avec lui pour détruire l'Antéchrist «selon les Écritures».

Empruntant la Subaru des Dutoit, Joël et Dominique se rendent à Mirabel. Ils s'embarquent le soir même, à 22 h 10, sur le vol 139 de Swissair à destination de Zurich. Pendant ce temps, à Morin-Heights, Colette efface toutes les traces laissées par la tuerie et Jerry entreprend la fabrication d'un système de mise à feu.

43

Comme tous ceux et celles qui doivent faire partie du transit plus ou moins volontairement, Hélène a été invitée à se rendre en Suisse à la fin de septembre sous prétexte que s'y tiendraient des réunions au cours desquelles on discuterait «de l'avenir de l'Ordre». Toutes les capes dorées du Québec ont reçu une pareille invitation, sans plus de précision, et la plupart l'ont acceptée sans rechigner.

De son côté, Hélène, qui a planifié avec Paul un voyage en Californie au début d'octobre, hésite à refuser l'invitation de Jo. En apprenant cela, Paul s'est rebiffé.

– Pourquoi ce vieillard de Jo aurait-il préséance sur moi?

– Parce que c'est un vieillard, justement, a répondu Hélène. Jo a toujours été comme un père pour moi, tu le sais.

C'était leur première dispute d'amoureux. Ce soir-là, Hélène a dormi sur le canapé du salon, Paul dans la chambre à coucher. Le lendemain, ils se sont réconciliés. Puisque Hélène avait promis d'accompagner Paul au Gala des Gémeaux où une émission d'affaires publiques à laquelle il avait collaboré était en nomination, elle partirait pour la Suisse dès le lendemain, soit le 3 octobre. Une semaine après, quand ses vacances commenceraient, Paul irait la rejoindre.

Préparées de longue date, cinq réunions ont eu lieu entre le 25 et le 30 septembre. La première s'est tenue à Cheiry tout de suite après la passation des pouvoirs à Avignon; la deuxième à Cheiry encore, le 29; et, le lendemain, trois réunions ont eu lieu le même jour: à midi, au restaurant Saint-Christophe, route de Saint-Maurice, près de Bex; en début de soirée à l'hôtel Bonnivard et à 23 h dans un hôtel de Villars-sur-Ollon, dans le canton de Vaud.

Les discours de Luc étaient largement improvisés et de plus en plus confus, mais toutes les réunions ont suivi à peu près le même scénario. Celle du 29 à Cheiry, à laquelle assistaient quelques «fervents», plusieurs «tièdes» et des «récalcitrants», a été sans doute la plus remarquable. Luc avait décidé qu'on inviterait toujours les fervents pour que leur présence influence les autres.

Après avoir harangué durant plus d'une heure l'assistance dont fait partie Édith Vuarnet, Luc demande à Camille d'allumer les bougies d'un chandelier à sept branches. Tout en approchant lentement sa main des flammes, les yeux mi-clos, la voix délirante, Luc prononce une homélie qui ne cache pas grand-chose de ses intentions.

— Nous avons tous appris à combattre nos instincts et nos mauvaises habitudes, nous apprendrons maintenant à brûler nos possessions terrestres et nos plus chères appartenances, tous ces liens qui nous maintiennent dans cette vie de malheur. Nous sommes prêts, dans nos esprits et dans nos cœurs, dans nos aspirations les plus sacrées, dans nos rêves les plus élevés. Nous avons mortifié notre corps, mais le corps reste faible. Regardez cette main comme elle me résiste...

Sans grimacer de douleur, sans montrer le moindre inconfort, Luc tient maintenant sa main au-dessus de la flamme.

— J'ai beau vouloir mettre cette main au feu, dit-il, elle s'y refuse. Elle est plus forte que moi...

Il retire sa main brusquement.

– Il s'agit là, heureusement, d'une épreuve que ni vous ni moi n'aurons à traverser. Rappelons-nous que nos frères templiers ont dû être brûlés vifs avant d'être admis dans l'autre dimension. Ce chemin de douleur, ils l'ont fait une fois pour toutes. Pour accomplir l'ultime transit – et j'espère de tout mon être que cette grâce nous sera bientôt accordée –, il nous faudra pourtant brûler nos corps, non pas seulement d'une manière symbolique, mais très concrètement...

Là-dessus, il fait une longue pause durant laquelle son regard fou se fixe à tour de rôle sur chacun des initiés comme s'il pouvait lire dans leurs pensées.

– Je sais que certains d'entre vous sont très inquiets, et c'est pourquoi j'ai choisi de vous dire les choses telles qu'elles sont. Avant la purification par le feu, nos corps auront tous été plongés dans la paix du grand sommeil dont nous sortirons triomphants parce que c'est l'heure de vérité, c'est l'heure du Paraclet. C'est l'heure de la révélation. L'Apocalypse, c'est autre chose que des tribulations. C'est la révélation grandiose. Pour la première fois, nous allons avoir la possibilité de transcender la mort!

Deux jours plus tard, soit le 1er octobre 1994, on festoie à Salvan avec du foie gras, du canard, des viandes des Grisons et de bons vins suisses et français. Parmi les invités, il y a Élie, venu voir son père que Jocelyne lui a décrit comme presque mourant au téléphone. C'est pour fêter son retour qu'on a tué le veau gras. Du moins, c'est ce qu'on prétend...

Après le repas, moins mal en point que Jocelyne ne l'avait prétendu, Jo s'empare de sa caméra et commence à enregistrer la fête. Il demande aux convives, qui semblent tous aussi pompettes que lui, de lever leurs verres en chantant «Chevaliers de la table ronde». Mais ces verres ne contiennent pas que du vin et ces gens ne sont pas seulement ivres. Luc se rend régulièrement à la cuisine où il verse petit à petit dans les carafes le cocktail qu'il a conçu en Australie. Jo braque ensuite son objectif sur Camille à qui il demande de livrer un message. Camille n'a pas l'habitude des discours ni de la caméra. Au grand plaisir de Jo, qui s'en amuse comme un enfant, il se met à trembler de tous ses membres.

– Vas-y, Camille, vas-y! souffle Jo, moqueur.

Pris de panique, Camille n'en commence pas moins à parler à la caméra.

– L'assemblée ici présente, dit-il d'une voix mal assurée, est responsable de la réussite de la mission. Je vous laisse, frères et sœurs, la responsabilité de faire le bilan que chacun de nous doit faire et, ensuite, passer à l'action rapide et persévérante. Pour que les changements s'accomplissent, et ceci pour la gloire de l'innommable. Merci à tous. Merci de bien vouloir comprendre l'importance de tous ces avertissements et du fait que la mission ne puisse faillir. Que l'amour et la paix cosmique vous donnent la force de réaliser cette mission avec la récompense d'une glorieuse réussite!

Épuisé par l'effort qu'il vient de faire, affaibli par les drogues qu'il a ingurgitées, Camille se laisse tomber lourdement sur sa chaise. Jo approche sa caméra pour en faire un gros plan.

– Bâille, Camille, bâille qu'on voie comme tu es beau quand tu bâilles!

C'est la dernière image de Camille qu'ont vue ceux qui mangeaient ce soir-là à Salvan. Le lendemain matin, très tôt, il part avec Luc pour Cheiry dans la petite Fiesta rouge qu'Odile a louée, la semaine précédente, à Montreux. Ils sont suivis d'Annie et de Carole qui font le trajet avec Joël dans son Audi. Jo partira beaucoup plus tard dans sa propre voiture, conduite par Odile. Il a donné rendez-vous à Giacobino à la ferme de Cheiry, lui disant au téléphone qu'il souhaite le rembourser.

Lorsque Jo arrive à Cheiry, en fin d'après-midi, Jean-Pierre Lardanchet et son ami Patrick Rostan s'affairent à fermer tous les volets de la maison. Il a pourtant été convenu, à la suite des réunions, que ces deux hommes feraient partie d'un prochain transit.

– Qu'est-ce que vous faites là? s'inquiète Jo.

– C'est Luc qui nous demandé de venir, dit Lardanchet. Il croit qu'il aura besoin de nous...

Le lendemain matin, à 9 h 30, la petite Fiesta rouge redescend précipitamment le chemin de terre qui conduit de la ferme au village de Cheiry. Joël est au volant. Annie est à ses côtés tandis que Luc est assis derrière avec Carole.

La première phase du transit a été plus difficile que prévu et le départ abrupt de Jo avant que le sacrifice ne soit terminé a laissé Luc songeur. Jo ne semble pas avoir mieux compris que les autres, malgré tous les discours qu'a faits Luc au cours des dernières semaines, qu'on ne pouvait libérer les énergies vitales au transit sans immoler les récalcitrants. Dieu n'a-t-il pas immolé le Christ lui-même? Pour que règne l'ordre cosmique, les hommes doivent répéter périodiquement le sacrifice divin. De toute manière, pense Luc, en immolant les insoumis, nous contribuons à accélérer le processus de leur réincarnation.

– À la guerre, dit Luc pour rompre le silence lugubre qui règne dans la voiture, celui qui meurt est le soldat qui demeure au beau milieu du champ de bataille, hésitant et indécis. Chez les Aztèques, lorsque les dieux se réunirent dans les ténèbres et demandèrent qui aurait la charge d'éclairer le monde, le dieu qui recula au moment de se jeter dans le brasier devint la lune et celui qui s'y lança résolument devint le soleil.

Les trois occupants acquiescent gravement et la voiture quitte le village de Cheiry pour Salvan.

En verrouillant la porte de la grande maison de stuc beige, ils ont laissé vingt-trois personnes derrière eux, la plupart vêtues de leurs capes de templier, blanches ou noires: Robert Falardeau, quarante-sept ans, abattu dans la Salle des Agapes, sac à poubelle troué de trois balles sur la tête; il a été traîné par les pieds dans la Salle du Seuil aux côtés de Leopoldo Cabrera Gil, trente-neuf ans, sac à poubelle troué d'une balle sur la tête; Renée Pfaehler, soixante-dix-neuf ans, poignets liés, asphyxiée avec un sac de plastique; Armelle Jaton, seize ans, sac à poubelle troué de trois balles sur la tête; Daniel Jaton, quarante-neuf ans, sac à poubelle troué de sept balles sur la tête; Madeleine Jaton, quarante-sept ans, sac à poubelle troué de neuf balles sur la tête; Lionel Jaton, dix-huit ans, cinq balles dans la tête; Françoise Bélanger, cinquante-cinq ans, sac à poubelle troué d'une balle sur la tête; Guy Bérenger, soixante ans, trois balles dans la tête; Christian Péchot, quarante-neuf ans, quatre balles dans la tête; Sébastien Péchot, douze ans, sac à poubelle troué de deux balles sur la tête; Christine Péchot (première femme de Michel Tabachnik), cinquante ans, sac à poubelle troué de deux balles sur la tête; Joce-Lyne Grand'maison, quarante-quatre ans, deux balles dans la tête; Robert Ostiguy, cinquante ans, deux balles dans la tête; Françoise Ostiguy, quarante-sept ans, deux balles dans la tête; Séverine Vullien, vingt-trois ans, sac à poubelle troué de trois balles sur la tête; Nicole Koymans, soixante-six ans, sac à poubelle troué de deux balles sur la tête; Marie-Christine Pertue, quarante-deux ans, sac à poubelle troué de deux balles sur la tête; Jean-Léon Paulus, quarante-neuf ans, sac à poubelle troué de trois balles sur la tête; et Fabienne Paulus Koymans, trente-huit ans, les poignets liés, quatre balles dans la tête. Ils sont allongés sur le parquet de façon à former un grand cercle. Un cercle de mort.

Marie-Louise Rebaudo, cinquante-sept ans, compagne de Giacobino, est couchée dans la Salle du Dépôt dont on a fermé les portes par un fil de fer. Le sac à poubelle qui lui couvre la tête est troué de deux balles. Elle a les seins et un bras percés de trois autres balles. Albert Giacobino, soixante-deux ans, est couché à plat ventre sur le lit dans une chambre du premier étage. On l'a asphyxié avec un sac à poubelle.

Quant à Camille Pilet, soixante-huit ans, il repose parmi ceux qu'il a voulu accompagner dans la mort. Administré à haute dose, le cocktail de Luc l'a paisiblement endormi.

44

Le matin du 4 octobre, Murray Flynn, un entrepreneur de Morin-Heights, emprunte le chemin Bélisle pour se rendre à son travail. Au moment où il passe devant les trois maisons de forme circulaire qui portent les numéros civiques 197 à 199, l'un des bâtiments fait explosion et des flammes s'échappent aussitôt du toit. Il est 8 h 40. Flynn arrête sa voiture et appelle les pompiers à l'aide de son téléphone cellulaire. Quelques minutes plus tard, les camions arrivent sirènes hurlantes et Flynn se précipite à la suite du chef, Ernie Woods.

Tout est verrouillé et il ne semble y avoir personne à l'intérieur. Woods réussit à forcer la porte arrière avec un pied-de-biche. En entrant, il aperçoit des sacs pleins d'essence accrochés aux poignées de porte.

– Attention! crie-t-il à ses hommes, il ne faut pas approcher.

Les sapeurs entreprennent d'ouvrir le toit à coups de hache. Le trou n'est pas aussitôt percé que les grandes portes de verre du patio éclatent avec fracas sous la chaleur intense. Une colonne de fumée noire s'élève dans les airs. Deux pompiers entrent dans le séjour, inondent la pièce et avancent jusqu'à une chambre dont la porte est fermée. L'un d'eux la défonce d'un solide coup d'épaule et l'odeur caractéristique de chair brûlée lui monte tout de suite aux narines.

— Arrose, crie-t-il à son collègue, y a du monde ici!

L'eau avale une partie de la fumée et les deux sapeurs aperçoivent une femme à demi-calcinée couchée sur le lit. À droite, assis sur le parquet, un homme gît, affreusement brûlé.

Ce même 4 octobre, Hélène se réveille en sursaut. Depuis presque une semaine, elle a un horrible pressentiment: il est arrivé quelque chose aux Dutoit. Ils sont partis sans avertir personne, ils ne donnent pas de nouvelles, ils sont comme disparus. Une fois par jour, Hélène téléphone à la maison au cas où ils seraient de retour; une, deux, trois fois durant la semaine, elle a parlé à Colette et Jerry – qui n'ont aucune idée eux non plus où Nikki et Toni peuvent se trouver...

À l'heure qu'il est, Hélène serait déjà à Salvan si cette inquiétude qui la ronge ne l'avait poussée, hier soir, à faire un détour par Saint-Sauveur en se rendant à Mirabel. Elle voulait voir une dernière fois ce qui se passait chez les Dutoit. Qui sait si la vieille Jaguar aurait tenu le coup jusqu'à l'aéroport sans ce détour? Toujours est-il qu'ils sont tombés en panne sur l'autoroute avec pour résultat qu'elle a dû téléphoner à Salvan pour annoncer qu'elle avait raté son vol.

Ce matin comme tous les matins, elle appelle chez les Dutoit. Pas de réponse. Il faut qu'elle parle à Jo, lui qui sait toujours tout. C'est encore Maryse qui répond.

— Hélène! dit-elle, je suppose que tu te fais encore du souci pour les Dutoit?

— Un peu, oui... Beaucoup même.

— Après ton téléphone d'hier, j'ai parlé à Dominique. Elle m'a dit qu'ils sont allés visiter des parents en Ontario.

Des parents en Ontario? Hélène ne savait pas qu'ils avaient des parents en Ontario. Elle demande à parler à Jo.

— Je ne peux pas le déranger, dit Maryse, il est occupé avec quelqu'un. Tu ne devineras jamais qui: Thierry Huguenin.

— Thierry est revenu? demande Hélène, incrédule.

— Oui, oui, il vient juste d'arriver de Genève. Il ne manque plus que toi. Tout le monde t'attend.

— Je prends l'avion ce soir à 22 h 30.

— On se voit demain, alors. Bon voyage!

45

Quand Hélène parle à Maryse, il est près de 15 h à Salvan. Effectivement, Thierry est arrivé de Genève mais il n'a pas l'intention de rester. Il repartira aussitôt qu'on lui aura remis son argent. D'ailleurs ce serait déjà fait si Jo n'avait pas bêtement égaré les clés de son chalet dans lequel, justement, se trouve l'argent.

Lorsque l'employé de *SOS Serrures* venu de Martigny arrive enfin, Jo le conduit au chalet de Dominique où il lui demande d'ouvrir la porte-fenêtre du rez-de-chaussée, qui donne sur un petit studio. Thierry fronce les sourcils. Quelque chose le tracasse. Jo et Maryse sont méconnaissables. Elle, à l'ordinaire si soignée, est pâle et décoiffée. Jo a le regard absent et sa voix est éteinte. Comme s'il était fiévreux et faisait une laryngite.

– Tu m'as dit que l'argent était dans ton chalet, fait remarquer Thierry à Jo.

– Oui, mais j'ai un double de la clé ici. Je ne vais pas risquer d'endommager la porte de mon chalet.

– Pourquoi avoir fait venir un serrurier, alors? demande Thierry.

– Parce que cette serrure est coincée, lui répond Maryse.

Cette histoire de clé et de serrure coincée semble tout à coup bien invraisemblable. La serrure cède à la première tentative du serrurier. Il ouvre la porte et une forte odeur d'essence le fait reculer. Pour expliquer l'affaire, Maryse dit qu'on est venu livrer du mazout, la veille, et que le réservoir a débordé. Pourtant, se dit Thierry, il y a une différence entre l'odeur du mazout et celle de l'essence.

— Viens, lui dit Jo en entrant dans le studio. Allez, viens!

Thierry hésite. Maryse essaie de l'entraîner. Pris de panique, il vire de bord et monte à la course jusqu'à la route où est garée sa voiture. Maryse a beau lui courir après en criant et en faisant de grands gestes pour le retenir, il n'a plus qu'une idée en tête: fuir. Il démarre, fait demi-tour et file vers Salvan, le cœur battant, sans son argent mais encore vivant.

En redescendant vers le chalet, Maryse croise le serrurier qui n'est pas fâché non plus de filer en douce. Cette odeur d'essence l'a tracassé lui aussi. Jo s'est laissé tomber dans une chaise de jardin. Joël sort du studio, l'air penaud. Pour Thierry, c'est raté.

— Est-ce qu'il va falloir attendre Hélène, maintenant? demande Maryse.

Jo fait signe que non.

— Qu'arrivera-t-il si nous ne sommes que cinquante-trois?

Il hausse les épaules.

Depuis son retour de Cheiry, la veille au matin, Jo ne se possède plus. À tout moment, il sursaute et regarde brusquement derrière lui comme si un agresseur invisible le poursuivait. À la moindre contrariété, il bat l'air de ses mains ou il fait entendre une espèce de grognement. Même Jocelyne n'arrive pas à comprendre ce qui lui arrive. Il n'a pas adressé la parole à Luc et les quelques fois qu'il l'a aperçu, il a détourné la tête. Hier soir, il a refusé que Luc vienne dîner au restaurant Saint-Christophe. Il a mangé avec Jocelyne, Dominique et Doudou, Maryse et Aude, et il a demandé à Martin Germain, à sa femme, Cécile, à Odile et à Josiane Kesseler de les accompagner. C'est un geste très inhabituel, car aucune de ces personnes n'a jamais eu préséance sur Luc. À part Odile, aucune, non plus, n'a la moindre idée de ce qui s'est passé à Cheiry. On sait seulement que, là-bas, tout est prêt pour le transit.

Quand Patrick Vuarnet s'est présenté comme prévu à 7 h ce matin, Jo l'attendait. Il n'avait pas fermé l'œil de la nuit. Il a chargé Patrick de restituer les voitures de location puis il lui a remis un colis contenant les trois cents copies d'une lettre que Luc et lui ont préparée à l'intention des médias et de plusieurs personnalités politiques à travers le monde. Jo a demandé à Patrick de poster les lettres dès qu'il lui en donnerait l'autorisation et il l'a invité à revenir, en fin de journée, chercher deux autres voitures.

— Je viendrai avec Édith, alors, a dit Patrick en partant.

Pendant que Jo était avec lui, Hélène a téléphoné de Montréal. C'est Maryse qui a pris l'appel. Lorsque Jo est revenu, elle lui a dit qu'Hélène avait raté son avion et qu'elle prendrait le prochain. En proie à de vives douleurs au ventre et à la tête, Jo était trop souffrant pour réaliser tout de suite qu'Hélène n'arriverait pas avant le lendemain midi. Il s'est écrasé dans un fauteuil en réclamant une piqûre. Maryse a voulu aller chercher Luc mais il le lui a interdit d'un ton si ferme qu'elle en est restée bouche bée. L'injection, elle pouvait très bien la faire elle-même. Il s'est assoupi durant les quelques heures que Maryse a passées à ses côtés. À son réveil, Jo lui a ordonné d'appeler Thierry sur-le-champ.

— Qu'est-ce que je lui dis? a-t-elle demandé.

— Que, cette fois, je suis décidé à lui remettre l'argent qu'il me réclame, malgré les chèques que je lui ai déjà donnés.

— Et si je n'arrive pas à le re...

Elle n'a même pas eu le temps de finir sa phrase.

– Débrouille-toi, a-t-il lancé.

Puis il s'est traîné jusqu'à sa chambre où Jocelyne dormait encore. Il s'est assis, a pris un bloc-notes qu'il a déposé sur ses genoux mais il n'arrivait pas à écrire tant sa main tremblait. Il a réveillé Jocelyne.

– Tu te sens mal? lui a-t-elle demandé en le voyant trembler de tous ses membres.

Il lui a mis le bloc-notes entre les mains.

– Écris, c'est important.

Ayant déjà beaucoup de mal à rassembler ses esprits, il s'est mis à dicter le message qui suit, péniblement, tout en prenant soin, comme à son habitude, d'indiquer à Jocelyne tous les mots où il fallait mettre la majuscule.

– À la suite du tragique Transit de Cheiry, nous tenons à préciser, au nom de la Rose+Croix, que nous déplorons et nous nous désolidarisons totalement du comportement barbare, incompétent et aberrant du Docteur Luc Jouret. Prenant la décision d'agir de sa propre Autorité, à l'encontre de toutes nos règles, il a transgressé notre code d'honneur et [fut] la cause d'un véritable carnage qui aurait dû être un Transit effectué dans l'Honneur, la Paix et la Lumière. Ce départ ne correspond pas à l'Éthique que nous représentons et défendons face à la postérité...

Quand cela a été terminé, il lui a demandé de tout transcrire sur l'ordinateur, d'en faire une vingtaine de copies adressées aux principaux journaux et de cacher les enveloppes dans la commode. Maintenant, Jocelyne savait que les choses avaient mal tourné à Cheiry.

– Ne t'en fais pas, a dit Jo, je vais voir Luc pour m'assurer qu'Aude et Doudou partent en douceur. Il viendra te voir pour te raconter...

Luc et Jo ne s'étaient pas parlé depuis la veille mais ils n'ont pas eu de longue explication. Le silence de Jo, en ce moment où Luc aurait eu besoin plus que jamais de son soutien et de son approbation, était assez éloquent. Jo lui a dit simplement que l'heure était venue, pour Aude et Doudou. Luc allait partir quand Jo lui a demandé s'il avait vu Élie.

– Je l'ai rencontré avec Joël dans mon bureau. Hier matin, dès qu'il s'est levé, comme tu me l'avais conseillé. Si tu veux vérifier...

Il a pris dans sa poche la clé de son bureau et l'a remise à Jo.

– Après les filles, tu feras le nécessaire pour Jocelyne. Elle est dans la chambre.

Luc a fait signe que oui.

– Thierry sera ici un peu plus tard. Il faudrait penser à quelque chose pour le retenir.

– Mais nous serons cinquante-quatre sans lui, a dit Luc, étonné.

– Hélène a raté son avion. On ne peut plus retarder le transit.

– C'est dommage, c'est très dommage... a fait Luc en hochant la tête longuement, comme s'il n'arrivait pas à se résigner à cette défection. Je vais prévenir Lardanchet de la convoquer pour le prochain transit.

Là-dessus, il est monté à la mezzanine où se trouvait la chambre des filles.

Après la fuite de Thierry, Jo est resté un long moment sans bouger ni parler, avec Maryse à ses côtés. Quand il se lève enfin, Maryse veut l'accompagner.

– Laisse, dit-il, j'ai des choses à faire sans toi.

Seul, sa caméra vidéo à la main, il entre dans la chambre des filles. Étendues parmi leurs albums de bandes dessinées et leurs manuels scolaires, elles ont l'air de dormir. Ému, il les filme lentement, puis sort de la chambre. Il descend à l'étage inférieur et entre dans sa propre chambre. Jocelyne repose sans vie sur le lit.

Il braque sa caméra sur elle et la filme durant quelques secondes. Il prend dans la commode les enveloppes qu'il avait demandées à Jocelyne, plus tôt dans la journée, et il les met dans les poches de sa veste. Il sort et marche jusqu'au chalet de Dominique. Il n'y a personne dans le séjour. Il monte, déverrouille le bureau et y pénètre. Couché en travers de la pièce, le corps d'Élie est étendu sur le parquet. Jo l'observe un long moment mais quand il essaie de le filmer, il tremble tellement qu'il n'arrive pas à garder son œil dans le viseur. Il laisse retomber l'appareil, soupire et sort de la pièce.

Luc est dans le séjour qui l'attend.

— Tu peux procéder maintenant, dit Jo, je vais aller voir le soleil se coucher. Je reviendrai plus tard.

Prenant les enveloppes, il les remet à Luc.

— Donne-les à Patrick lorsqu'il reviendra.

Il fait nuit depuis longtemps quand Jo entre dans le troisième chalet, celui où habite Maryse. Il sait qu'il n'y aura personne. Mais Luc l'attend.

— C'est presque terminé, dit-il à Jo avec la satisfaction du devoir accompli.

Dans le premier chalet, à l'étage inférieur, reposent maintenant pour l'éternité: Martin Germain, cinquante-quatre ans, et sa femme Cécile, cinquante-trois ans, dans la chambre arrière; Madeleine Bérenger, trente-huit ans, et sa fille Caroline, quatre ans, dans la chambre avant; et Odile Dancet, quarante-huit ans, dans le séjour. À l'étage supérieur, dans le séjour, se trouvent Annie Levy, quarante-deux ans, son mari, Jacques, trente-sept ans, ainsi que Fabienne Noirjean, trente-cinq ans. Dans le deuxième chalet, Dominique repose dans la chambre et, dans le séjour, Josiane Kesseler, quarante-trois ans. À l'étage supérieur, dans la chambre, il y a Carole Cadorette, trente-neuf ans, Pauline Lemonde, cinquante-six ans, Jean-Pierre Vinet, cinquante-cinq ans, Line Lheureux, cinquante-quatre ans, et sa fille Vanina, onze ans; Bernadette Bise, cinquante-huit ans, repose dans la mezzanine.

– Il n'y a plus que nous, Joël et Annie, dit Luc à Jo. Ils doivent s'occuper des voitures qui restent...

À 23 h 26, Luc appelle Joël et lui ordonne de déclencher les incendies dans les meilleurs délais. À 23 h 42, sur son cellulaire, Joël contacte le *servocom* de Cheiry et son appel déclenche l'incendie. Il fait de même dix-sept minutes après minuit au Clos de la Renaissance, à Aubignan et, deux minutes plus tard, à l'appartement de Territet.

Quand Joël et Annie reviennent à Salvan, il est 2 h 30 du matin. Luc les accompagne au premier chalet et Jo les suit à quelque distance, marchant d'un pas lent et mal assuré. Joël et Annie se couchent côte à côte dans la salle de séjour. Luc s'agenouille et donne à chacun une injection intraveineuse au coude droit. En entrant, Jo est allé s'asseoir dans la chambre où se trouvent déjà Maryse et les deux filles. Luc vient le rejoindre. Il s'agenouille, regarde Jo et lui fait un sourire timide. Jo relève ses lunettes sur son front et, comme il y a douze ans, près du petit cimetière de Tarn-et-Garonne, les regards des deux hommes se soudent.

– Embrasse-moi, dit finalement Luc.

Luc fait un geste vers lui, mais Jo recule.

– Après ce que tu as fait à Cheiry, Luc, je ne peux pas...

Jo remet ses lunettes et se couche pour recevoir son injection. Profondément humilié, Luc la lui fait, se lève et le quitte sans un regard.

Une fois arrivé à la mezzanine du deuxième chalet, Luc se fait une intraveineuse dans le coude. Il déclenche la mise à feu, fait un faux mouvement et s'écrase sur une poutre.

À 2 h 58, les trois chalets du domaine de Salvan ainsi que six voitures sont la proie des flammes.

46

Les corps trouvés le matin même à Morin-Heights étaient trop brûlés pour qu'on puisse les identifier avant l'examen du coroner. Paul a passé la journée sur l'affaire...

— C'est Jerry et Colette Genoud, dit-il à Hélène.

Elle se laisse choir dans le fauteuil de la chambre. Le regard vide, elle fixe sa valise. Paul l'observe. À mi-voix, par pudeur, il lui demande si Colette et Jerry avaient des tendances suicidaires. Elle ne répond pas tout de suite.

— Je crois que l'heure était venue, finit-elle par dire.

— L'heure de quoi?

Elle hausse les épaules avec l'air de se dire: À quoi bon?

Elle se lève, va dans le séjour, prend le téléphone et compose encore une fois le numéro des Dutoit. Encore une fois, c'est le répondeur.

— Il est arrivé quelque chose à Toni et Nikki, je le sens.

— Puisque Maryse t'a dit qu'ils étaient allés visiter des parents en Ontario...

— Je ne crois rien de ce qu'elle raconte, celle-là.

Si les membres de l'Ordre commencent à se mentir entre eux, maintenant, pense Paul...

— Qu'est-ce que tu fais? Tu pars ou tu restes? demande-t-il.

Elle hésite longuement.

— Est-ce que tu peux venir me reconduire à l'aéroport?

Dans une voiture de location, Paul et Hélène roulent en direction de Mirabel. Ils sont silencieux. En quittant l'appartement, Paul a eu le malheur de dire que, dans les circonstances, il trouvait difficile de voir partir Hélène. Elle a cru qu'il faisait allusion au fait qu'elle connaissait Colette et Jerry et que, grâce à elle, il aurait pu avoir des renseignements inédits. Ce n'est pas du tout ce qui préoccupe Hélène. Elle est encore sous le choc du suicide des Genoud mais, surtout, elle se mange les sangs pour les Dutoit!

Le cellulaire que Paul a déposé sur le tableau de bord sonne. Elle l'attrape vivement et le met dans la main de Paul. À mesure que se prolonge l'appel, elle voit son visage qui se décompose et elle s'affole.

— Ils ont trouvé les Dutoit? demande-t-elle.

Il lui fait signe que non de la main, referme l'appareil et se range sur l'accotement.

— Qu'est-ce qu'il y a? Parle! C'est les Dutoit?

— Un feu s'est déclaré vers 6 h, ce soir, à la ferme de Cheiry. Il y aurait des morts... plusieurs morts.

Aussi soufflé qu'elle par ce qu'il vient d'apprendre, il est incapable de bouger. Elle appuie la tête contre la portière et dans un souffle demande de retourner à Montréal.

Le meilleur endroit pour avoir des nouvelles, c'est au journal. À cette heure tardive, les petits bureaux qui entourent la salle de rédaction sont déserts. Assise dans un cubicule qu'elle connaît parce que sa copine Carole y travaillait, Hélène est perdue dans ses pensées. Elle revoit la ferme de La Rochette à Cheiry où elle est allée tant de fois.

Dans son bureau des faits divers, Paul garde les yeux sur les fils de presse et les écrans de télévision. La situation n'a pas évolué. On parle toujours de plusieurs victimes en Suisse, sans en préciser le nombre. Paul délaisse les écrans et tente de joindre la Gendarmerie de Fribourg. Un assistant lui flanque alors un bulletin spécial sous les yeux: des incendies foudroyants se sont déclarés à 2 h 58, dans des chalets de Salvan, en Suisse. Plusieurs voitures qui appartiendraient à des membres de l'Ordre du Temple Solaire ont aussi été incendiées.

– Qu'est-ce que tu as? demande Hélène en voyant Paul entrer, livide, dans le bureau où elle est installée.

Il lui montre simplement le papier qu'il a en main. Elle y jette un regard, puis lève la tête vers Paul.

– Ton inspecteur Perreault, est-ce qu'on peut aller le voir?

Sans cravate, en manches de chemise et en pantoufles, Perreault est debout dans le salon de son bungalow. Intimidée de se trouver ainsi chez un policier, sur ses gardes parce que Luc et Jo lui ont si souvent répété qu'il fallait se méfier de ces hommes, Hélène bafouille. Elle n'arrive pas à expliquer pourquoi, mais elle est convaincue qu'un malheur est arrivé à ses amis Dutoit.

– C'est plus qu'un pressentiment, dit-elle, la voix étranglée par l'émotion, c'est physique.

– Je vais voir ce que je peux faire dès demain matin.

Perreault, qui est toujours resté sur sa faim à la suite de l'interruption de son enquête sur l'Ordre du Temple Solaire, a tendance à ajouter foi au pressentiment de cette femme.

À 5 h du matin, quelques heures seulement après qu'elle et Paul se sont couchés, Hélène s'assoit brusquement dans le lit en lançant un cri déchirant. Paul allume la lumière et l'enlace. Elle tremble de tous ses membres, ses cheveux tout mouillés sont collés sur sa nuque. Elle commence à sangloter à fendre l'âme.

– Ils sont morts, ils sont morts, je le sens, ne cesse-t-elle de répéter.

– Allons, Hélène, t'as fait un cauchemar, c'est tout...

Elle les as vus en rêve, morts tous les trois. Paul a beau la rassurer en lui disant qu'on ne tue pas trois personnes comme ça sans raison, elle ne veut rien entendre. Il n'arrive pas à la calmer.

— Appelle l'inspecteur Perreault et dis-lui que les Dutoit sont morts.

— Voyons, Hélène, je ne peux pas le réveiller parce que t'as rêvé...

Elle se lève et sort de la chambre. Paul vient la retrouver dans le salon.

— Va dormir. Moi, je ne peux plus...

L'inspecteur Perreault a fait investir par les policiers les deux autres maisons du chemin Bélisle. Assis dans sa voiture, il écoute un de ses hommes décrire le système rudimentaire de mise à feu découvert dans le 197A, propriété de Luc Jouret. Du ruban à masquer retenait des allumettes sur un élément servant à allumer les barbecues. L'élément, déposé sur une cocotte d'aluminium remplie d'essence, était relié par des fils électriques à une minuterie et à plusieurs bidons disséminés dans la maison. Le même dispositif qui avait déclenché le feu au 199A où sont morts Colette et Jerry. Dans le 197, appartenant à Camille Pilet, et le 199, appartenant à Dominique, les policiers n'ont trouvé d'abord que des bidons remplis d'essence.

Après une autre fouille, un policier dit à l'inspecteur qu'il croit avoir repéré des taches de sang dans la salle de toilette du sous-sol, au 199.

— Appelle les techniciens, lui ordonne Perreault, on va faire une expertise au luminol.

À mesure que les techniciens de la Sûreté répandent du «luminol» sur le carrelage des murs et du plancher de la salle de toilette, des taches apparaissent. Ce sont bien des taches de sang. Le luminol agit comme l'acide qui révèle une photographie en chambre noire.

Perreault ordonne alors de fouiller la maison pouce par pouce. Dans un cagibi du sous-sol, sous l'escalier, on trouve trois corps: celui d'un bébé enfoui dans un sac à poubelle à côté d'un pieu grossier auquel sont collés des morceaux de viscères séchés; celui d'un homme horriblement mutilé, enveloppé dans des couvertures; et, enroulé dans des draps souillés, un sac à poubelle sur la tête, celui d'une femme.

– Appelle-moi Tourigny à son journal, dit l'inspecteur Legault à l'un de ses hommes.

Comment Hélène a-t-elle trouvé la force de se rendre à la morgue pour identifier les Dutoit? Paul se le demande encore aujourd'hui. Mais tant de choses à son sujet restent mystérieuses...

ÉPILOGUE

Ainsi disparurent les chevaliers du Temple avec leur secret dans l'ombre duquel palpitait un bel espoir de la cité terrestre. Mais l'Abstrait auquel était enchaîné leur effort poursuivit dans les régions inconnues sa vie inaccessible...

VICTOR ÉMILE MICHELET
Le secret de la Chevalerie, 1930, 2.

L'amour de Paul et Hélène ne survécut pas aux tragiques événements d'octobre 1994.

Quelques semaines après, le cœur n'y étant plus et les fonds manquant, Hélène ferma la librairie de la rue Saint-Denis. Elle passa des jours à errer sans but le long du fleuve Saint-Laurent, à l'Île-des-Sœurs, s'arrêtant parfois devant un landau pour regarder un bébé qui lui rappelait Christophe-Emmanuel, ou dans un terrain de jeux pour suivre une fillette ayant des airs de Doudou. Dix fois, elle crut reconnaître Jo en croisant des gens.

Cet automne-là, la neige tarda à venir. Quand les feuilles furent tombées, Hélène se mit à flâner dans le bois de l'île, où on a l'impression d'être dans une forêt perdue pour peu qu'on ne regarde pas du côté de Montréal qui profile ses gratte-ciel plus hauts que le mont Royal. Elle marchait en poussant les feuilles devant elle, les amoncelant çà et là. Combien de fois eut-elle la tentation de s'y coucher et d'y mettre le feu dans l'espoir d'aller rejoindre sa seule famille?

Le dernier jour de novembre, alors que Paul et elle devaient aller à l'opéra, Paul rentra chez lui plus tôt que d'habitude. Hélène n'y était plus. Elle était partie avec toutes ses affaires en lui laissant une note d'adieu. Une note banale dans laquelle elle lui parlait de «rendez-vous manqués» et de hasard.

Durant ces interminables jours de solitude, Hélène avait repassé sa vie. Au ralenti. Elle avait visionné chaque minute, chaque événement, chaque circonstance, comme un monteur qui regarde une séquence cadre par cadre. Hélène, à qui Jo et Luc avaient appris qu'il n'y a rien de fortuit, que tout est «programmé» en haut, que la vie est un livre écrit de toute éternité par un être suprême dont «les maîtres de l'invisible» et «les entités» seraient en quelque sorte les anges et les archanges, Hélène se demandait maintenant, un peu comme le font les Chinois, si le hasard ne vaut pas mieux qu'un rendez-vous.

Comment eût-elle pu s'empêcher de se poser la question? Ses rendez-vous, elle les avait tous manqués. Avec son père qui était mort avant qu'elle puisse le connaître, avec sa mère qui l'avait abandonnée, en coupant tous les ponts, avec sa famille, partie sans elle pour l'au-delà, et maintenant avec Paul qui lui était devenu étranger.

N'étaient-ce pas plutôt des événements fortuits qui avaient tissé la trame de sa vie? Cette réservation qu'avaient faite ses parents dans un restaurant de Tel-Aviv, par exemple? La faillite de son père? Cette visite inopinée de Paul à la ferme de La Pérade? Pourquoi était-elle allée à sa rencontre? Dix autres personnes auraient pu sortir à sa place... Et ce vol de Swissair raté à cause d'une panne d'auto?

Hélène quitta Montréal et trouva un emploi de serveuse dans une auberge des Laurentides. De temps à autre, elle voyait Paul à la télévision ou elle lisait son nom dans le journal, mais elle ne lui donna pas de nouvelles.

Elle a oublié jusqu'à son propre nom de famille. De toute manière, elle ne peut plus le prononcer. Trop de personnes déjà savent qu'elle faisait partie de l'Ordre du Temple Solaire: la police, des journalistes du Québec, de la France et de la Suisse, tous ceux, comme Richard Landry, qui sont partis après le procès de Luc, et tous les autres qui ont trahi les «secrets de famille» après le transit d'octobre.

Pour garder espoir et ne pas sombrer, elle ouvre parfois le coffre à bijoux dans lequel elle conserve un papier. Elle y a retranscrit une note de Luc retrouvée parmi les ruines de Salvan: «Il y aura sous peu d'autres voyages qu'une élite d'hommes, de femmes et d'enfants feront et qui stupéfieront le reste du monde. Ils seront transportés dans un lieu merveilleux, plus beau que toutes les splendeurs de la terre. Le monde ne saura pas ce qui s'est passé, car il s'agira d'un instant fulgurant, mais nul ne sait ni le jour ni l'heure...»

À la mi-décembre 1995, c'est par la télévision et les journaux qu'Hélène apprit qu'un nouveau transit venait d'avoir lieu, dans une clairière perdue, au cœur des montagnes du Vercors, en France. Seuls Emmy Anderson, Dominique Masson, Enrique Masipe et Mercedes Faucon ne lui étaient pas familiers. Les Lardanchet, Patrick Rostan, Christiane Bonet, le couple Friedli, les Vuarnet, Ute Vérona et sa fille Vania, elle les connaissait tous. Mais on ne l'avait pas invitée cette fois. Personne ne lui avait soufflé mot de ce départ.

Parce que Rostan et Lardanchet avaient su qu'elle avait parlé à la police, personne ne l'avait prévenue qu'un transit avait lieu. Son ultime rendez-vous, Hélène l'avait manqué aussi!

Aujourd'hui, elle n'espère plus rien. Elle a cessé de croire. Trop de choses ont été dites sur Jo pour que l'image qu'elle s'était faite de lui demeure intacte. Trop de choses ont été dites sur Luc pour ne pas saper l'admiration qu'elle avait réussi à conserver malgré ses comportements parfois inexplicables. Trop de preuves se sont accumulées pour qu'Hélène entretienne encore des illusions sur le désir réel qu'avaient certains passagers de Cheiry ou du Vercors de partir vers Sirius.

N'empêche que pendant quinze ans, Hélène a vécu une expérience unique. Elle a connu de nombreux moments d'extase à Malte, en Égypte, durant plusieurs cérémonials. Elle a vécu à Plan-les-Ouates et dans d'autres maisons de l'Ordre des jours d'extrême fraternité et, avec Dominique, Nikki et les autres capes dorées, des moments d'intense communion. À la manière d'une moniale, Hélène a l'impression d'avoir vécu hors du temps et du monde. Elle était un être d'exception, une élue, une privilégiée parmi des millions de personnes qui courent dans toutes les directions, qui cherchent, sans jamais le trouver, un sens à donner à leur vie.

Si elle n'avait pas manqué son ultime rendez-vous, elle n'aurait rien découvert de cela. Elle serait partie en possession tranquille de la vérité. La vie de solitude à laquelle elle en est réduite maintenant vaut-elle mieux que ce qu'elle aurait trouvé sur Sirius? Un peu moins d'une année après le transit du Vercors, elle ne peut toujours pas le dire. Peut-être le pourra-t-elle si elle arrive, un jour, à remplacer Jo et Luc, ces dieux qui lui apparaissaient comme des êtres éternels et qui se sont désagrégés sous ses yeux. Ils ont disparu. Comme disparaissent les châteaux de sable sous l'effet de la marée montante.

imprimerie gagné ltée

IMPRIMÉ AU CANADA